歴史文化ライブラリー

10

国民学校

皇国の道

戸田金一

吉川弘文館

目次

1

国民学校の誕生──なぜ悲劇史に挑むのか

小学校が消えたとき

一九四一年（昭和一六）四月一日は、国民学校の誕生という、日本の教育史にとって特異な日だ。明治維新政府が抱えた課題の一つは、社会の文明開化を進めることだった。そのなかに一八七二年（明治五）の学制発布がある。それに基づいて日本の初等教育が歩みはじめ、現在その年を数えれば、一二〇歳あまりになる。この間には、なんどかの学制改革があるけれども、初等学校の名前に関するかぎり、小学とか小学校といってきている。ところが、この呼称が消えてしまったのだ。これは、これまでただ一回の出来事である。

国民学校は、この日から一九四七年（昭和二二）三月三一日までの六年間にわたってつづく。誤解している人がいるので駄目を押すが、日本が戦争に負けるやただちに改称して、国民学校から小学校へと復帰したのではない。一九四七年三月三一日までのしばらくのあいだは、国民学校の名で戦後の教育を歩んでいる。

独りよがりの国民づくり

国民学校は、それ以前の小学校教育と比べても、たしかにいちじるしい特徴があった。たとえば、この制度の拠《よ》りどころとなった国民学校令を見ると、この学校の目的の表現からして特異だ。

国民学校令　第一条　国民学校は皇国の道に則《のっと》りて初等普通教育を施し、国民の基礎的錬成を為《な》すを以《もっ》て目的とす

このなかの「皇国の道」とか「錬成」という文字は、外国語にどう翻訳したらよいか戸惑うように、すぐには理解ができなくて当たり前の表現だ。「皇国の道」については文部省による意味の説明をあとで紹介するが、ともかく、こんな表現での教育目的が大上段に振りかざされた。そして一定の時期、日本の子どもたちは、閉ざされた日本にしか通用しない、独善的な国家主義を信奉させられた。またすでに進行し、さらに拡大していく戦争を遂行する軍国主義を担《にな》わせられ、銃後の戦士として厳しく育てられた。

もちろんそれは、一九四五年（昭和二〇）八月一五日の敗戦の日までの戦争期において

だ。このあとの国民学校は、諸機能が麻痺《まひ》する。やがて占領軍の指令という超法規に基づいて、国民学校令を棚上げしたまま、戦後処理のなかの教育をしていく。

だから国民学校については、戦争期と戦後の占領期とを明瞭に区別して捉えなければならない。本書が対象とするのは、このうちの戦争期のものについてである。

煙と消えた史料

国民学校の教育は、よその国のむかしの出来事ではない。この日本で、ついさきごろ起きたものだ。その身近さは、年配者にとっては、自分史のなかの悲劇の同時代史だ。それは、教師であった者にとっても、学童といわれた者にとっても、その教育体験を立派なものだったと誇ったり、素晴らしい理想像に仕上がったと満足できない。本来プラス評価とは縁遠い史実だ。

ところが、思い出話しとしては、青春の謳歌に走り、とにかく真摯《しんし》に生きたと無条件に自己肯定が生まれがちだ。えてして歴史的認識に基づく客観的評価を欠きがちだ。そしてもし、この根底に、自他の戦争責任をうやむやにするものが関係しているとしたら、事は重大である。

国民学校以前を含めた戦争期の、日本の学校の実相を明らかにする欠かせぬ史料の一つは、学校文書だ。この一部は戦災で失われた。したがって残ったものこそ、真実を客観的に証明する証拠であり、史料となる大切なものだ。ところが、これに対する戦後処理が、結果として誤ってしまった。

一九四五年一〇月二二日、連合軍総司令部は「日本教育制度に対する管理政策に関する件」を指令した。占領軍が日本の民主的・平和的教育の確立を意図して、学校から一切の超国家主義的・軍国主義的なものを排除すべし、という善意の内容を含んだ。当時のことだ。この命令は全国的に徹底した。墨《すみ》塗り教科書は、よく知られたその一結果だ。それに止まらず、教室の掛け図や模型などの教材そして職員室の学校表簿等が、急ぎ焼却されるなど始末された。目に見える超国家主義的・軍国主義的なものは消失した。

この指令は、日本の教育の大きな質的転換に積極的役割を果たした。しかし史家の目で見れば、これは戦争関係資料をほぼ根絶させる一因となった。もう一ついえば、これは学校経営の責任者や個々の教師の記録、すなわち具体的な戦争責任に関わる物的証拠を湮滅《いんめつ》する働きを伴った。

このあとに教職適格審査があるのだが、不適とされた者はわずかだ。超国家主義と軍国主義の教育に積極的だった教師が、圧倒的に多かったはずだが、かれらは失業しなかった。よそ目には見えない、旧い思想と技術を隠しもったまま、かれらは戦後の教育の担い手になった。日教組の組合員となり、「教え子を再び戦場に送りません」と反省を誓うが、いうまでもなく誓いだけで、全員が即座に民主的、平和的教育思想と指導方法の持ち主に転換できたという保証はどこにもない。それは観念的な努力目標以上のものではない。

四校長と一平教師

われわれは戦争に結びついた教育、すなわち社会機能の一つといわれるものが、どんな働きをしていたのか、それを実証的に知りたいものだ。それは、われわれ自身の自分史の歪《ゆが》みを正すことはもちろん、とりわけ次代の国民にとっての大切な歴史学習を、積極的に進めるうえに必要だ。その教材としてみると、たとえば山中恒氏の『少国民シリーズ』をはじめとし、最近では地方出版や自家出版もさかんで、それぞれに特徴をもった業績となっている。

この本も特徴をもたなければならない。第一にそれは主な史料として、幸いにも焼失を免れた四代の学校長が書いた学校経営文書を使用する。このために、いままで不明だった国民学校以前からはじまる「皇国の道」の現場における把握が、判明した。それは、教育勅語の「斯《こ》の道」から始まったが、ついに戦陣訓《せんじんくん》や決戦訓の順守として実践され、教え子を死の淵《ふち》にまで導いていったことを、明瞭にしている。

第二に、分量はわずかだが、リアリズムにたった一教師の北方教育の理論と実践を添える。第一との絡《から》みあいにより、「皇国の道」教育と真実の教育の二つがきわだって、われわれの国民学校への理解をいっそう深めてくれる。

健全な国民教育を願って

さて、改めていえば、国民学校の歴史を知ることは、われわれの抱いている課題解決に、積極的に取り組むことに通じる。われわれはこの国の、いや全世界における民主主義や平和主義を、福祉や環境とともに、いっそう揺るぎなく確立したいと願っている。そのために、かつての日本の誤りがなんであったのかを明瞭に捉えることは、痛みを越えた一つの有意義な営みだ。

その一事例としてあげることができるのが、「皇国の道」路線の狂信的独尊的愛国心《ショウヴィニズム》と、侵略を恥じない主戦論的愛国心《ジンゴイズム》が支配していった教育の悲劇である。このなかから、ややもすれば国民を盲目的に煽《あお》りやすいナショナリズムとか、あるいは愛国心について、その教育には健全なものと危険なものがあるのだ、という認識をはっきりと摑《つか》んでいきたい。今日のわれわれの国民教育が、いっそう健全なものに進んでいくことを願って、本書は書かれる。

教育報国

思想善導

全国小学校教員精神作興大会

教師たちの上京

一九三四年（昭和九）四月一日夕刻、柿崎掃部《かもん》は、奥羽本線十文字《じゅうもんじ》駅から上野行の夜行列車に乗り込んだ。一八九二年（明治二五）生まれの四三歳となったかれは、前日の定例人事異動によって、秋田県平鹿《ひらか》郡植田《うえだ》尋常《じんじょう》高等小学校の校長になったばかりだ。

秋田発の列車のなかには、顔見知りの県や郡の視学《しがく》をはじめ先輩・後輩の校長たち多数が同乗していた。かれらは、この県の教育界のエリートだ。かれ自身も、一九二五年（大正一四）から秋田県師範学校訓導《くんどう》に兼ねて、代用附属小学校の旭川尋常高等小学校訓導を勤めたのち、一九三〇年（昭和五）に前任校の同郡舘合《たてあい》尋常高等小学校長になったという履歴をもっている。

　秋田を三時すこしまえにたった寝台車のない夜行列車。向かい合う座席は、たちまち一献《いっこん》傾けながらの歓談の場になった。ながい不景気に加えて、一九三一年（昭和六）から凶作が二年つづいた。学校費の節減が強いられてきた。それが昨年度産米は、一九二六年（大正一五）基準で指数一一二・八という豊作だ。車内の話題は明るく賑やかだった。

　それにしても、このように教師たち多数がそろって上京することは、ついぞなかった。まもなく湯沢駅からは、幡野《はたの》尋常高等小学校の高橋才吉校長らも乗車した。かれは、柿崎と同年生まれ、やがて一九三八年（昭和一三）には植田校の後任校長となる人物だ。こうして一同二七二名がそろう。このなかには、一〇名の女教師が含まれている。かれらは、翌朝七時近く上野に到着。ただちに下谷《したや》旅館組合所属の、つまり上野界隈《うえのかいわい》の一三の旅館に分宿した。二泊する。

校長不在の新年度はじめ

　教師たちの上京は、秋田からだけではなかった。全国からやってきた。外地といわれた朝鮮・台湾・樺太《からふと》・関東州および満鉄付属地などからも、船便で、早くは三月三一日には参集しはじめていた。

　宿泊のいらない地元・近辺の者や、世話官庁の役人たちをもいれると、その総数は三万五三二二名、このなかには女子五〇四一名が含まれている。当時としては、たいへんな数だ。政府は、わざわざプロジェクト・チームを設けて、輸送・宿泊・警備等々の世話にあたった。のちに参集者名簿が作られた。上記の総数は、氏名が掲載されている実数だ（武部欣一編『全国小学校教員精神作興大会御親閲記念誌』、以下『御親閲記念誌』という）。

それにしても新年度の当初、学校のもっとも忙しいときだ。いったいなにが起きようとしていたのか。植田小学校『学校沿革誌』の、一九三四年（昭和九）度記事に「九、四、一　柿崎校長御親閲《ごしんえつ》を受くるため出発」と、記録されている。御親閲とはなにか。それは、四月三日、皇居前広場で開催される全国小学校教員精神作興《さっこう》大会を指している。この大会は、参加者全員に忙しい思いを与えた。例を柿崎校長にとってみる。かれの四月一日は、初顔合わせの職員朝会にはじまり、恒例の始業式と入学式を行い、村の有力者へのあいさつや職員への留守中の指示をすませて、旅装も慌《あわ》ただしく、指定の列車に乗車した。

かれのばあい、上野に向かう列車へは途中乗車となる。だからこれでも余裕があったほうだ。始業式も入学式も執《と》り行うことができないまま駆けつけた校長は、秋田だけでなく全国各地に、どれほどたくさんいたものか。このような新年度そうそうの校長不在という非常識を強いたのが、この大会だ。

小学校教員会

さて、それではこの大会の主催団体はいかなるものか。そして大会がいかなる理由で、四月三日に決められたのか。まず主催団体から述べよう。

それは全国連合小学校教員会だ。この会は「全国各地小学校現職教員を会員とせる団体を以《もっ》て組織」し、大正末期の一九二四年（大正一三）一〇月一四日に発足した。一九三三年（昭和八）一二月三一日現在の加盟状況は、道府県を単位とする小学校教員会や小学校長会等八を含むが、残りは市や郡を単位とする団体で、その総計は一六五団体である。このなかの社団法人東京市小学校教員会が指導的役割を果たし、事務所も同教員会内に置いていた。

周知のように、現職の教員を組織する団体としては、各府県ごとに教育会がある。もちろんその全国組織もある。その規模、歴史と比較してみて、これは取るに足りない小団体だ。教育会をさし置いての主催には、異論もあった。いくらなんでも、その組織が全国のすべての府県を網羅することもない団体が主催とは、これは奇態な話だ。

こういう道理に背《そむ》くことは、しばしば政治的配慮によって生じる。全国連合小学校教員会の第一〇回総会は、一九三三年（昭和八）一一月、大阪市小学校教員会主催で開催された。このとき鳩山一郎文部大臣が臨席し、訓辞を述べた。

教員会総裁は文部大臣

記録によると、「この訓辞たるやいわゆる文章の訓辞にあらずして、文相の精神の存するところを叙《の》べられた一場の講演であった。しかもこの講演において、教育は熱と愛であり、親切と愛であるという意味を敷衍《ふえん》された」という。これが聴衆教員の陶酔《とうすい》を誘い、これに端を発して、たちまち「現職教員をもって組織するという本連合会の一大鉄則」を盛った規約を修正し、「本会に総裁並びに顧問を置くということになって、第三日目の総会に提案」し、あっというまに鳩山一郎総裁が実現してしまったのだ。

鳩山文教政策の下請け

そして下川兵次郎会長が、総会挨拶のなかで触れた「われわれは明春適当の時期において、東京に全国的一大精神運動を起し、二重橋前において、将来の教育主義国家を建設し、忠誠を誓うことにしたいと思う」という主旨も、「満場の決定を見るに至った」のである。

鳩山が文部大臣に就任したのは、一九三一年（昭和六）一二月だ。そしてこの三三年

（昭和八）のみをとってみても、二月四日の長野県教員赤化《せっか》事件における一斉検挙の開始、同月一五日の文部省に社会教育調査委員会の設置、そして五月二六日にはいわゆる滝川事件という、京都大学滝川教授への休職発令による大学自治への介入がある。

これらは、社会主義思想の広がりに対して、つよい危機感をもった日本資本主義の尖兵《せんぺい》としての役割を、かれが果たしたものだ。このたびの小学校教員会からの招きは、いやむしろかれのほうからの働きかけだったかもしれないが、そのいずれにせよ、これは小学校教員への思想善導対策の絶好の機会と、かれは政治的に把握した。

それは、大会の事務所が文部省普通学務局に置かれ、総裁（大臣）が委嘱する理事には、文部省課長・省員が含まれて実務をリードし、組まれた八〇〇〇円の予算のうち、五〇〇〇円が国庫補助によるという、官府的事業となったことで証明されよう。小学校教員会は、国策の下請け機関に化していた。

なぜ精神作興か

では、なぜ精神作興大会と称したのか。それは全国小学校教員会総会に緊急動議を提出し、説明に当たった中沢留のことばに「国民精神作興の御詔書《ごしょうしょ》の十周年記念を、ここに迎えたという点においても、これを一つの画期として」とあるように、一九二三年（大正一二）一一月一〇日に発せられた国民精神作興に関する詔書の奉戴《ほうたい》一〇周年記念行事の挙行が、契機になっている。この日付に注意するならば、総会が一一月一〇日を最終日とし、当日この詔書の奉読がとくになされてもいる。また、この時点ではまだ皇太子（現天皇）の誕生を見ていない。生誕奉祝の目的は、のちに加わる。その誕生は、この年一二月二三日である。

さらに、立て役者の鳩山は、なんと大会に出席できなかった。帝人事件に連座して、直前の三月三日更迭《こうてつ》となる。そこで、急ぎ斎藤実《まこと》首相が文相を兼務してことは運ばれた。

天皇臨席の舞台づくり

次いで、日時の取決めについて触れよう。主催団体の全国連合小学校教員会の原案は「昭和九年三月二十八日もしくは九日」だった。年度末と年度始めの間隙を選んだ。これなら現場の教師たちには理解できる小休止的な期日だ。

ところが文部省および宮内省との下交渉のすえ、一月の文部省と小学校教員会代表との打合わせで、「昭和九年四月三日、およそ参万五千人集合の予定にて、宮内省へ願出ること」と決した。教員代表が加わりながら、学校にとっての最多忙期が選ばれた。

この理由は、大会当日発表された「宣言」の冒頭の表現に明示されている。すなわち「皇紀二千五百九十四年、神武天皇祭の盛辰《せいしん》に方《あた》り、全国小学校教員代表相会し」と、神武天皇祭日が積極的に意識されて選定されたのだ。

それは、つづく文章に「皇祖天壌無窮《てんじょうむきゅう》の神勅《しんちょく》を降《くだ》して、天孫を此の土に君臨せしめ給いしより、列聖相承《う》け万世一系の皇統連緜《れんめん》として弥々《いよいよ》栄え」と表現されたように、天皇の神秘性・尊厳性を効果的に高めようとした配慮である。次に述べる大会目的の、聖旨奉体《せいしほうたい》による教育報国を絶対化するうえに、これは必要な演出の一つだった。

聖旨奉体して教育報国

大会の全貌の把握は、『御親閲記念誌』によって可能だ。そのなかに「全国小学校教員精神作興大会規定」がある。これは、文部省と小学校教員会との協議によって作られた。小学校教員会よりの「概案」をもとに、文部省側からの修正がなされた。

そのなかでも、とくに「第三条の目的は簡明にて力強くするために修正を加う」と、文部省側からの積極性が反映したものだ。それが次の文章だ。

本大会は全国小学校教員相会し、皇太子殿下の御誕生を奉祝し、聖旨を奉体して日本精神を顕揚《けんよう》し、天地神明に誓って教育報国の覚悟を宣明するを目的とす

目的の核となるものを、聖旨奉体による教育報国と捉えてよかろう。これが具体的になにを意味するか。これについては、大会案内に添えられた趣意書のなかに、やや詳しく述

べられている。その一部を掲げてみる。

我等は至誠一心、聖旨を奉体して日本精神を顕揚し、忠孝礼譲の道を明かにし、確呼不抜《ふばつ》の志を抱いて、清節不撓《ふとう》の風《ふう》を励まさんとするものなり。……

我等は国史に鑑《かんが》み、仰いで悠久三千年、万邦無比の国体を奉戴し、天壌無窮の神勅により、万世一系の皇祚《こうそ》を継承し給える皇室の御繁栄と皇国の隆昌とを祈念して已《や》まず

このように、いわゆる皇国史観に立つ国史による見解をもって、教育をリードする教育者となる覚悟を宣言することが目的とされた。

御親閲の次第

大会は、天皇の臨席する御親閲と、そのあとの教員精神作興大会の二部構成で協議が重ねられた。ところが、御親閲のみの予定で準備を進めてきたところ、大会の「僅《わず》か前の日に至って、当日勅語《ちょくご》を賜わる」こととなり、参会者には「御出門の直前午後二時二十五分頃に儀式係長からマイクロフォンを通じて、『今日の御親閲に当り、畏《かしこ》くも天皇陛下には親しく勅語を下《くだ》し賜わる趣きやに拝承しております、その時には最敬礼の号令をかけます』と告げ」と、手筈に一部変更があった。

大会の主要順序を組立ててみる。整列は一時半までに終了しているが、このころより雨。

開始が三〇分遅れた。

御親閲の部

1　臨御《りんぎょ》（二時三〇分、先駆自動車二重橋上に、「気を付け」のラッパ吹奏、大国旗掲揚、煙花、君が代吹奏）

2　着御（天皇「南面して」玉座に御起立）

3　最敬礼

4　奏上（斎藤文相より「謹みて皇太子殿下の御降誕を奉祝し、宝祚《ほうそ》の無窮を祈り奉ります。之より御親閲を仰ぎ奉ります」と。）

5　最敬礼

6　親閲（「前へ進め」、軍楽隊の奏楽に歩調を合せて一斉に各二〇メートル前進し、「全体止れ」）

7　君が代奉唱（二回）

8　勅語（一同最敬礼）

9　奉答（斎藤文相奉答文朗読）

10　皇太子殿下御誕生奉祝歌斉唱

11　天皇陛下万歳三唱（斎藤文相発声）
12　式終了の奏上（斎藤文相）
13　最敬礼
14　還御（君が代奏楽、二重橋渡御は二時五〇分）

うえに勅語とあるところの、この日の天皇のことばは、次の全文わずか五三文字という短いものだ。広場をうめた三万五〇〇〇人の参会者をまえに、天皇自らが読みあげた。

国民道徳を振作《しんさく》し、以《もっ》て国運の隆昌を致すは、其の淵源《えんげん》する所実に小学教育に在り。事に其の局に当るもの、夙夜《しゅくや》奮励努力せよ

肉声で聞く天皇のことば

天皇の肉声は玉音《ぎょくおん》といわれた。国民が天皇の姿を直視することや、肉声を聞くことさえはばかられた時代だった。『御親閲記念誌』には「この玉音は広き二重橋前の広場に徹して、集団の最後列にある者までも、はっきりと玉音を拝することが出来た」と書かれている。当日の式場の設営図や記録写真を見ると、玉座にはマイクロフォンは置いていない。だから「御親閲感激文集」に吉田亮が「殊に玉音高らかに勅語を賜わった時、誠に恐懼《きょうく》の極みであるが、幸いに集団の前方に位置した私共は、特に明瞭に拝し得て」と書いている

ことから、おそらく後方の者には不明瞭であったろうと、推測できる。

教員精神作興の宣言

しかしそれは問題ではなかろう。第二部の精神作興大会において、「本日下賜の勅語奉読」が、斎藤文相によって改めてなされた。そしてつづいて、大会宣言と決議が提案され、「身命を献《ささ》げて君国のために尽瘁《じんすい》し、以《もっ》て皇運の万一に報《むく》い奉らんことを誓う」旨を、一同可決した。降雨のつづくなか、午後三時三〇分の解散となった。

聖旨奉体の徹底

この大会には、マス・コミが動員された。二七社（種）の新聞記事が記録されている。そのなかには、四月三日の朝日新聞社説のように、「教育の聖職に目ざめよ」という調子のキャンペーン展開もある。

そして全国小学校教員精神作興大会は、当日だけでは終わらなかった。むしろこれを契機として、国民道徳を振作する熱心な担い手としての教員の、普及と徹底とが計られていく。

大会がおわるや文部省は、各道府県知事・関係官庁あてに「当日前後において、本大会に関し府県において特に実施し、または実施せんとする事項、その他特記すべき事項」について、報告を求めた。名目的には主催者でもない文部省だ。ここまでの事後処置を自らの手でする要はないはずだ。これは調査の名を借りた聖旨奉体普及徹底の推進だ。
これに対して各府県は、一〇月二六日までのあいだに、高知一県を除いて報告書を寄せた。これによって各地での大会前、当日、大会後の取組みや行事、そして企画などのおおよそが判明する。たとえば、宮城・福島・宮崎では、大会当日の当初の定刻午後二時に、各学校ごとに遥拝《ようはい》式を行っている。

御親閲記念日の制定

こういうなかで注目すべきものは、一回かぎりの勅語奉読式ではなく、将来にわたる聖旨奉体の定着を計る、たとえば記念日の制定である。秋田県知事の報告から関係する部分を抜粋してみる。

大会に関し県において実施し、または実施せんとする事項

二、御親閲記念日の制定　四月三日を御親閲記念日とす。

当日各小学校において学校教員、市町村吏員学務委員等参集し、儀式挙行の上感激を新たにし、教育者たるの信念を固め、益々教育精神の発揮、教育の施設の更生を期せんとす。

本年は特に四月二十九日天長節当日において、右記念式に準じたる儀式を挙行せしめたり。

過去形の結びだ。四月二〇日付の知事告諭と御親閲記念日制定の通達は、『秋田県教育史』に記録されている。各学校における実施の詳細は、植田小学校のばあいをも含めて不明だが、さっそく布石は打たれたのである。

大会後の聖旨奉体行事

うえには秋田県の例をあげたが、全国にわたって聖旨奉体を徹底する行事が営まれる。それは表1のなかに示されるように、さまざまなかたちにわたっている。初等教育界における思想善導、皇国の道は、政府の大規模なキャンペーンにおいて歩みはじめた。

表1　全国小学校教員精神作興大会後の状況（一九三四年四月～一〇月）

実施ならびに実施予定事項	道府県数	道府県名
1　勅語奉読（奉戴）式	26	東京・大阪・神奈川・長崎・群馬・千葉・栃木・奈良・愛知・静岡・山梨・長野・福島・岩手・山形・福井・石川・富山・鳥取・島根・山口・和歌山・徳島・佐賀・大分・熊本
2　勅語（謄本）等の伝達式・配布	11	東京・大阪・栃木・奈良・三重・長野・岩手・島根・福岡・熊本・沖縄
3　勅語の学校掲示	3	栃木（家庭にも）・愛知・大分
4　勅語の主旨徹底について通達・告示あるいは知事の訓示や訓令	25	北海道・神奈川・兵庫・群馬・千葉・奈良・三重・静岡・岩手・秋田・石川・徳島・愛媛・長崎・新潟・栃木・長野・山形・福井・富山・鳥取・岡山・広島・和歌山・福岡
5　関連した名士講演（講習）会	9	東京・千葉・栃木・滋賀・宮城・徳島・愛媛・熊本・鹿児島
6　精神作興大会	19	北海道・新潟・埼玉・群馬・三重・滋賀・岐阜・宮城・青森・鳥取・島根・広島・徳島・香川・福岡・佐賀・宮崎・鹿児島・沖縄
7　勅語奉体の宣誓・宣言・決議等	11	東京・長崎・栃木・山梨・長野・岩手・鳥取・山口・愛媛・福岡・沖縄
8　参加者の感想文募集や配布	12	東京・京都・群馬・茨城・栃木・三重・滋賀・宮城・福井・鳥取・広島・和歌山
9　参加者の神社参拝報告	7	東京・群馬・奈良・三重・滋賀・大分・宮崎

10　参加者の大会報告会・学校での報告訓話	3	東京・石川・香川
11　小学校長会・首席訓導会	5	東京・神奈川・千葉・徳島・沖縄
12　小学校教員大会	4	兵庫・岩手（含中学）・岡山・福岡
13　教育会機関誌の特集	4	北海道・滋賀・青森・熊本
14　関係印刷物の刊行配布	4	長崎・宮城・青森・山口
15　記念日の制定	8	長崎・栃木・山梨・宮城・秋田・石川・徳島・大分
16　記念章・教育章（バッジ）作成	7	東京・栃木・三重・愛知・秋田・和歌山・徳島
17　記念事業等の企画	10	長崎・千葉（神饌田・国旗掲揚塔）・栃木（植樹・農業実習地・保護者会）・山形（招魂社大鳥居）・三重（教化者規箴制定配布）・愛知（教員手帳）・秋田（記念写真掲額）・山口（「教育報国」額面配布）・和歌山（記念塔）・大分（記念塔）
18　教員修養会・思想研究座談会	2	東京・栃木
19　その他	3	栃木（日本精神顕揚運動、教育資料の収集作成）・山形（天皇の御歌奉唱）・三重（実写拝観）

注　『全国小学校教員精神作興大会御親閲記念誌』所載「記念事項各地方長官報告」により作成。

年度はじめの勅語奉読会

御親閲感激文集

全国小学校教員精神作興《さっこう》大会に参加した柿崎校長は、どんな受け止め方をしたのだろうか。『御親閲《ごしんえつ》記念誌』のなかに「御親閲感激文集」という、大会参集者のなかから各県で選ばれた者による、感想文が掲載されている。残念ながら柿崎校長の文章はない。けれども人は異なっても、内容と文の調子が、おどろくほど似かよっているのだ。おそらくかれも選ばれたら、これに似たものを書いたろう。ここには秋田県を代表して感想を寄せた、秋田市牛島小学校長佐川徳太の文章の一節を掲げる。

あゝ親しく天聴に達し奉るさえ恐懼《きょうく》の至りなるに、寵栄《ちょうえい》（注―寵愛を受けて栄えること）至深、畏《かしこ》くも小学教育の重大なる所以《ゆえん》を諭《さと》させ給う玉の御声を拝しては、感極まって涙滂沱《ぼうだ》たるばかり……

「義は君臣、情は父子」の此の無限の感激をこそ、児童の上にうつして永《とこし》えに力あらしめねばならぬ。この無上の恩栄をば、教育道の上に永く光あらしめんが為めに、燃え上る教育報国の一念に培《つちか》って、夙夜黽励《しゅくやびんれい》せんこと（注―朝はやくより夜おそくまで、つとめはげむこと）を誓い奉るものである。

この時代がかった表現は、前段が感奮感激という情緒的なもの、そして後段は大会が採択した「宣言」の結びの表現にそった、各人の改めての決意表明である。

参集者に、このような決意表明をさせる事後処置こそ、大会の意図を、確実に、広く、深く、長く、教育現場に浸透させる効果的手だてのはじめだった。

職員室での内輪の行事

では、柿崎校長においては聖旨奉体の決意を、どんな形で学校経営のうえに反映させたのだろうか。それは植田小学校職員室の年中行事となる勅語奉読会《ちょくごほうどくかい》という、全職員の決意表明の開始だった。

もっとも勅語奉読式のスタートがいつからか、記録文書に照らしての正確な年度は不明だ。『学校沿革誌』に記載されたかぎりでは、大会から三年をへた一九三七年（昭和一二）

度となる。そこには、簡単に次の一行の記事がある。

四、三　教育者御親閲記念式

この年度は、柿崎校長が植田校に在任した最後の年である。それまで実施せずに、最後の年の置き土産とした、と解するのは少々無理だろう。むしろ『学校沿革誌』の記事として記録されないまま、すでに実施していたのだ、と考えられる。一九三八年（昭和一三）度以降の高橋校長の時代になってからも、『学校沿革誌』には未記入の年度がある。

なぜ未記入の年が生じたのか。それは職員室かぎりの、ごく内輪の行事だったから、と思われる。この挙式は、職員室のなかで、教員のみによって、短時間のうちに行われた。だから、児童たちも父兄など地域一般の人々も気付くところではない。知事からの記念日制定の通達がなされたことは、まえに述べた。しかし秋田県内の全小学校において実施された、という証拠はえられていない。全国一斉に行われた制度的行事ではないから、記録しない年があっても不思議ではない、目立たぬものだった。

勅語奉読会の整った展開

その次にあらわれる記録は、一九三九年（昭和一四）の「昭和十四年度植田小学校経営の実際」という高橋校長が書いた文書のなかだ。

四月三日記念、御影《ぎょえい》に対し全職員整列の上最敬礼を行い、厳粛裡《り》に

27 年度はじめの勅語奉読会

教育勅語奉読式の職員室配置図

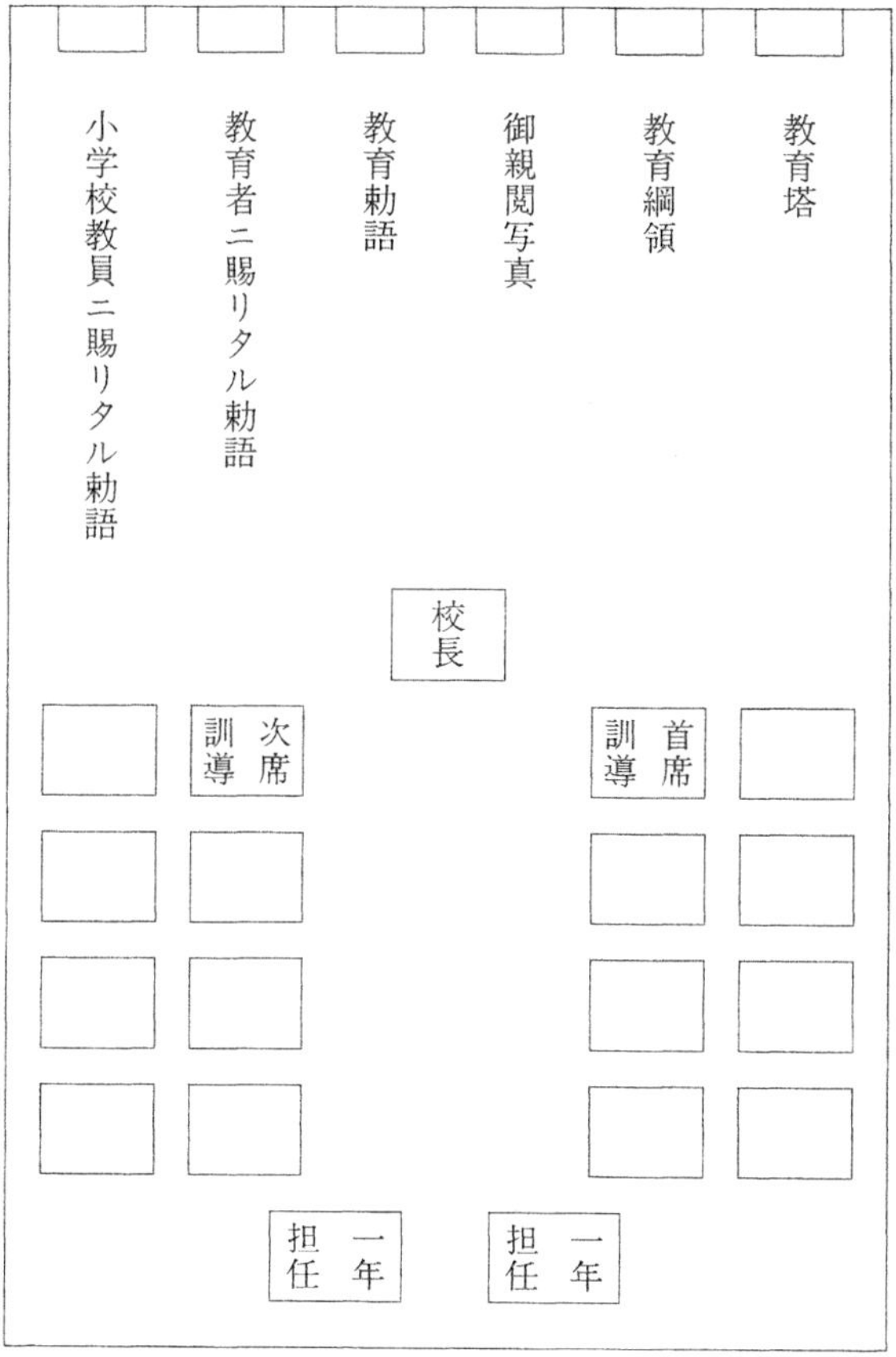

注「昭和十四年度 植田小学校経営の実際」および「昭和十六年度 教務綴」により作成。

御下賜の勅語を奉体して教育報国の誠を誓う（始業前五分間）

この文章は、二点で興味をひく。ひとつは、神武天皇祭という授業を行わない規定（昭和二年、勅令第二五号により休日たる祭日）のある当日なのに、「始業前」という表現を見ることだ。あえて児童の登校を促したようだ。そしてもうひとつは、会のためにあてた時間がわずか「五分間」という短さだ。

さらに記録は、国民学校が発足した一九四一年（昭和一六）度の『教務綴』のなかに見える。これによると、四月三日午前一〇時、同校の全職員が職員室に集合した。職員室の模様はいつもと異なり、掲載図のように、いっぽうの壁面に勅語や写真などの額が飾られた。そして図に見るとおり、このまえに中央先頭に校長を配し、以下最後列中央の初等科一年生の担任二名にいたる席次で一同整列し、ここに「御親閲記念詔書奉読式」が行われた。内容は「修礼、開式の辞、御開扉《かいひ》、君が代、礼拝、奉読、訓辞、教育歌、御閉扉、閉式の辞、修礼」と項目が多い。所要時間は一五分足らずだ。とはいえ、一五分をとったことは、短いどころか、むしろうえに見た以前の五分程度にくらべれば、念入りな挙式となっている。御親閲記念詔書奉読式という丁寧な表示や、式次第が整備されたことは、皇国の道を歩まんとする国民学校のスタート時に、ふさわしいものと捉えられたようだ。

校訓の転換

全国小学校教員精神作興《さっこう》大会から帰った柿崎校長は、聖旨奉体《せいしほうたい》による教育報国の誓いを、自分ひとりにとどめたのではなかった。部下の教員に対しては、うえに述べたように勅語奉読会を設けて誓いの機会をスタートさせた。これは教師の思想善導をはかる経営だ。

児童信条の制定

では、児童たちに向けて及ぼすところはなかったのだろうか。かれにとっての植田小学校は、この春移ってきたばかりの新任校だ。まだ一か月ほどで、学校や学区の様子をじゅうぶんに理解したとはいえない時期にもかかわらず、一九三四年（昭和九）五月一日、かれは学校経営の改革に手を染めた。これまでの校訓に代わる、新しい児童信条を決定した。

このことが『学校沿革誌』に、次のように記録されている。

教育実践に関する事項

五、一　児童信条を決定す

1　父母を喜ばせましょう　　2　協同して事をしましょう

3　何事にも我慢しましょう　　4　物を大切にしましょう

5　心の光のますように

この五か条のすべてに、さきの全国小学校教員精神作興大会の影響、すなわち大会名称のもとになった一九二三年（大正一二）の国民精神作興に関する詔書の趣旨が、直接に及んでいるといったら、うがち過ぎだろう。ほかに、一九三〇年代のこの地方の凶作や不景気がつよく反映して、望ましい人間像が描かれた、といってよい点もある。

通信箋にあらわれた校訓　第一条の「父母を喜ばせましょう」とは、親孝行のことだ。だがこれは、わが肉親に対する孝行というだけの意味ではない。この年度にはまにあわなかったが、翌年作成した『昭和十年度通信箋』には、表紙に次のような校訓「児童信条」を示して、学校の指導目標を家庭に知らせた。

一、父母を喜ばせるように　　　忠孝

児童信条

一、協同して事をするように　協同
一、がまん強くするように　忍耐
一、物を大切にするように　愛護
一、心の光をますように　徳行

この第一条の徳目は、まえに紹介した佐川秋田市牛島小学校長が「義は君臣、情は父子」と、感激文集に書いた趣意に通じるものだ。実の父母への孝と、国の父母と捉える天皇・皇后への孝すなわち忠と、両者を独特に重ねた意味を含ませている。

それから第五条の徳行という徳目の表現は、翌『昭和十一年度通信箋』になかで「一、心の光をますように　修徳」へと修正された。「国民道徳を振作し」というのが、大会での勅語の冒頭のことばだった。柿崎校長が、それを児童信条に反映させたことは明らかであろう。そしてこの修正をへた校訓は、このあと尋常高等小学校制度のおわる『昭和十五年度通信箋』まで、変わることなく、その表紙を飾った。

なお、あとで紹介する一九三七年（昭和一二）の『国体の本義』では、「我が国においては、忠を離れて孝は存せず、孝は忠をその根本としている。国体に基づく忠孝一本の道理が、ここに美しく輝いている」と説き、「まことに忠孝一本は、我が国体の精華であって、国民道徳の要諦である」と主張している。この忠孝一本論を待つことなく、植田小学校では、はやくも一九三五年（昭和一〇）の通信箋から、それを天下に明示したのである。

これまでは至誠中心

さてそれでは、これまでの植田小学校の校訓にあらわれた実践的教育理想像は、どんなものだったろうか。『昭和九年度通信箋』の表紙を飾った校訓は、「訓練綱領」の名だ。見てみよう。

訓練綱領

誠

勤勉　よく働きましょう
親切　親切をつくしましょう
公益　人のためになりましょう
礼儀　礼儀を正しくしましょう
清潔　きれいずきな人になりましょう

誠を徳目の中心においたこの指導目標の系譜は、たどってみたいものだ。ただ、通信箋を資料にできたのはこの年度かぎりで、別の関係資料として選べたものは、『大正七年以降　学校一覧表』のなかの関連記事である。それによると、次のような変遷がある。

まず一九一八〜二三年（大正七〜一二）度（二二、二三年度は、訓練要項が訓練綱領となる）。

要項　　規律　きまりをよくせ
訓練　至誠　正直　しょうじきなれ
　　　　親切　人のためになれ

これが、つづく一九二四、二五年（大正一三、一四）度においては、次のようになる。

要目　　正直　しょうじきなれ
　　至誠　勤勉　きんべんなれ
訓練　　清潔　きれいずきなれ

なぜか大正末年の一九二六年度以降から、この種の記事が消える。そしてわれわれは、前掲の一九三四年度の通信箋において、訓練綱領をみる。

この間に、訓練ということばと複合するのは、要項・要目・綱領と変化がある。また徳目は三か条から五か条へと増加する。しかし一貫して中心となる精神的徳目がある。すなわち誠ないし至誠だ。至誠の人こそは、併記された行動的徳目（細目）の変化にもかかわらず、長いあいだにわたって、植田小学校が理想とした指導目標である。

手本は二宮金次郎

すこし考えてみる。日本じゅうに共通した学校の教育目的は、一八九〇年（明治二三）に発布された「教育に関する勅語」に置かれた。

だが、この勅語の全徳目を、ひとりで体現する理想的人物を、実在した人から選び出すことはむずかしい。

これに対して、学校がおかれている地域の産業、時代の社会問題、教育思潮の特性に応じて描かれる理想的人間像は選べた。すなわち、この時代の農業にかかわる殖産を担う理想像は、篤農《とくのう》の代表として「手本は二宮金次郎」だ。

至誠というのは、報徳訓「至誠・勤労・分度・推譲」のなかの一つだ。このことばの裏に、二宮金次郎を理想的人間像としてもったことは、歴史に照らして間違いない。一九〇四、五年（明治三七、八）の日露戦争のあとあたり、地方自治制を整備しようとする時期に、内務省は、市町村段階での殖産の実をあげようと指導を展開した。地方改良事業の実施だ。このなかで、農村に、半官半民の報徳会の実践的教化活動を普及した。至誠とは、誤解を恐れずにいえば、陰日向《かげひなた》なく長時間労働に励もう、というキャンペーンのキャッチフレーズだ。

天皇のことばを優先

ひとつ留意してほしい。至誠という語は、教育勅語の徳目、すなわち天皇のことばのなかにはない。そこで、一九三四年（昭和九）における植田小学校が、忠孝一本論を前面にだす児童信条を制定した意義が鮮明になってくる。天皇のことばから「国民道徳を振作」することに、「夙夜《しゅくや》奮励努力」すると誓った柿崎校長の選択はこうだった。平民二宮金次郎のことばをうしろに退け、代って国民道徳の基本である教育勅語、すなわち天皇のことばを優先させたのだ。

これは教員の思想善導をはかった政府にとっては、全国小学校教員精神作興大会キャンペーンの成功だ。教育現場が、国民学校にさきだって、はやくも「皇国の道」を歩きはじめた明確な一つの証明である。

真実の教育の展開

ほんとうの生活を見ろ

加藤周四郎は一九三四年（昭和九）四月の新年度を、秋田市明徳尋常高等小学校高等科一年女子組の担任としてスタートした。一九一〇年（明治四三）五月生まれのまだ二三歳、この学校にきて二年目になる青年教師だ。

かれはさっそく「私の家」という綴方《つづりかた》の宿題をだす。「家のねえ、経済がどうなっているか。お父さん、月給いくらか聞いてよ」とつけ加えた。翌日、「おらの父《おど》、なんだお前《め》がたのせんせ、家《え》の経済調べるって、税務署でもあんめえに、とんでもねえせんせ、きたもんだなって……」と、半分泣き声の報告もある。するとかれは、「うん、そしたらね、私のお父さんはそういいました、と書きなさい」と指導する。

かれが新卒として、胸いっぱいの希望をもって、農村の上北手《かみきたで》小学校に赴任したのは、一九二九年（昭和四）四月だった。五年生の担任となったが、子どもたちは無気力で、期待に反しまったく授業にならなかった。「せんせはなあ、町場でくらしていたんだ。だから、百姓のくらしのこと、なあーんにも知らないんだ」にはじまり、「せんせはみんなのことを知りたい、家の生活のこともわかりたい」といい、「五月はみんながせんせだ。加藤せんせはみんなの生徒だ。いいかな、たのむよ」と、ありのままを自分のことばで書いてよい綴方の提出をたのんだ。子どもたちは、そういう綴方をおもしろがった。

かれは「ほんとうの生活を見ろ、それが教育のスタートだ」と悟った。家の経済生活を抜いては、ほんとうの生活は不明だ（拙著『真実の先生』）。

画一教育の行き詰まり

加藤が教師になったころ、そして全国小学校教員精神作興《さっこう》大会が開催されたころの、労使あるいは地主小作の対立にからむ日本社会の深刻な矛盾は、教師たちの思想や行動に、まったく無関係のままというわけにはいかなかった。かれらのなかのある党派的活動には、一九三三年（昭和八）二月の長野県教員にはじまる検挙という弾圧さえくわえられた。精神作興大会で、思想善導という赤化《せっか》対策がいそぎなされたからといって、これで社会矛盾の根源がなくなるものではない。

その根源の一つは、明らかに一九二〇年（大正九）にはじまる第一次大戦後の恐慌だ。一九二九年（昭和四）の大恐慌はそれをさらに決定的なものにしたが、慢性的な不景気はすでに一〇年前からつづいている。これは、とりわけ農村学校の教育・学習意欲を奪った。学校の働きには、子どもたちが学力を身に着けて、離村し都会で暮らしを立てるという、出世とはいえなくても、村での隷従と貧困から解放する夢があった。それがまったく作用しなくなった。未来への展望なくしては、教育・学習意欲は生じない。

このような状況について、一九三〇年（昭和五）に寺田弥吉はおよそ次のような指摘をしている。明治以来の日本の学校は、国家資本主義の流れのなかを泳ぎつづけている。その特徴として開化性と画一性をもつ。このうち後者は「多く東京の中産階級に、標準がとられ」た。こんな時代になっても、いぜんとして学校は画一教育をつづけている。

こうして、学校教育が「社会の事実的な流れとはかけ離れて……社会のことは社会のこと、教育のことは教育のことというふうに、化せられ」た。だから、とくに農村の学校教育が行き詰まるのは、当然なのだ（寺田『郷土教育の新開拓』）。

生活綴方の登場

寺田は、教育の標準を学校の存在する地域に移すことによって、農村における教育の行き詰まりを打開しよう、と主張する。書名からもうかがわれる郷土教育の立論へと進む。

ところでこのころ、まったく独自の新しい教育を行う綴方教師といわれる若い教師たちが、全国的に出現した。加藤もその一人だ。かれらの実践とその理論化とは、昭和一けた代の後半に、急速に成長発展していった。それはこれまでの、欧米の教育理論を学者が翻訳し、師範学校附属や私立学校を通じて実践が広がっていくというパターンとは違った。

かれらの綴方の指導は、特徴として子どもが見・聞きし、感じ・考えたことを、ありのまま、じぶんのことばで表現するように進められた。そして「何のために綴方を書くか。私たちの生活をもっと強く、もっと正しくして行くためなんです」にと、到達した（加藤周四郎編『児童生活文集　歯車』秋田市高等小学校、一九三七年）。

児童の作品は、『綴方生活』など全国誌や地方の綴方雑誌において紹介され、研究や評価が与えられた。誌上で知ったもの同士による、全国的な規模での文集交換もあった。これらを介して、綴方教師たちはみずからの授業を工夫し、新しい発見を加えていった。このような過程で質の高い内容豊かな生活綴方が育ち、新しい教育原理が創造されていった。

秋田の北方教育社

ところで秋田では、一九二九年（昭和四）六月、成田忠久《ちゅうきゅう》が北方教育社を興した。まず児童文集『くさかご』（のち『北方文選』に改題）を刊行し、ついで翌三〇年（昭和五）二月には、教師用指導雑誌『北方教育』を創刊した。社には、綴方に熱心な青年教師たちが集まった。

加藤もその一人となった。そして成田にすすめられ、一九三三年（昭和八）一月から『北方教育』誌上に「生活綴方の現実の問題」を連載した。これは、かれを含む同人たちの実践の理論化だ。それを読むと、生活綴方は、教育の標準の置きどころを移す点では郷土教育から、児童の労働の見直しでは労作教育に、そして学習のコアに生活を置くところは生活教育にと、これら大正自由主義教育以来の各理論に学びつつ、いっそう独自の教育観と教育方法論を創造発展させていったことが解る。

国語科綴方には国定教科書がない。つまり国家が中央集権的に決めた教育の標準がなかった。篤学の青年教師たちが発表する綴方科実践系統案は、みずからの教育の標準はこれなりと主張し、教育の活性化に貢献した。

北方教育社は、一九三五年（昭和一〇）一月、北日本国語教育連盟の事務所となり、機関誌『教育北日本』を刊行する。党派性に偏せぬ民間の純粋な教育研究団体として、東北全円の綴方教師たちを統合した。かれらは、子どもたちにほんとうの生活を見ることによって未来の生活を切りひらく意欲を与える、真実の先生たちだった（拙著『真実の先生』）。

国体の本義と国民精神総動員

国が作った教条書

一九三七年（昭和一二）三月三〇日、文部省は『国体の本義』を発行した。同省は、大臣の諮問機関として、一九三五年（昭和一〇）に教学刷新評議会を設置していた。そして翌年一〇月に答申をえ、その方針に基づいていそいで編集したのがこの本だ。同書の中扉《なかとびら》には、「国体を明徴にし、国民精神を涵養振《かんようしん》作《さく》すべき刻下の急務に鑑《かんが》みて編纂《へんさん》した」と書いてある。

本の構成は、「緒言」・「第一　大日本国体」・「第二　国史に於《お》ける国体の顕現」・「結語」の四部からなる。三〇万部印刷されて、全国の小学校から大学まで、ならびに官庁に送付されたほか、一般にも市販された。

この書は「中等学校教育の修身科の教科書の『聖典』になり」、上級学校進学のための「入学試験にとっての必読書ともなって、日本の青少年の人間形成に大きな役割を」果たす。そしてまた「これ以後の政府の文教政策の基準としての役割を」もになう。その意味では、単なる一冊の本とはいえない、まさしく「正統的な国体論の国定教科書ともいうべき」国の教条書となった（『日本近代教育百年史　第一巻』）。

教育原理論

『国体の本義』の内容のうちから、忠孝一本論はすでに紹介した。それだけでも、本書のおもな特徴をうかがうことができる。だが、なお三つの論を選んで紹介し、この本がもつ特徴を補足したい。

一つめは、教育原理論に相当する「緒言」だ。そこでは、こんな論理を展開する。現今のわが国の思想や社会の諸矛盾は、明治以降あまりにも急いで、多種多様の欧米の文物《ぶんぶつ》・制度・学術を輸入したために、ややもすれば本《もと》を忘れて末《すえ》にはしり、厳正な批判を欠いてしまい、徹底した醇化《じゅんか》をし損じた結果だ。

そして、欧米文化を輸入するいきおいが盛んで、せっかく教育勅語が国体に基づく大道を明示しているのに、西洋思想は依然として流行を極めている。したがって「今日わが国民の思想の相剋《そうこく》、生活の動揺、文化の混乱は、われら国民がよく西洋思想の本質を徹見すると共に、真にわが国体の本義を体得することによってのみ解決」できるのだ。

すなわち「固陋《ころう》を棄てて、ますます欧米文化の摂取醇化に努め、本を立てて末を生かし、聡明にして宏量なる新日本を建設すべきである」と、欧米文化の日本的摂取醇化論を教育原理としている。

ただし「そもそも社会主義・無政府主義・共産主義等の詭激《きげき》なる思想は」と、これは問題外の西洋思想だ、と斥《しりぞ》ける。

自由教育の原理との訣別

そして「わが国の教育は、明治天皇が『教育に関する勅語』に訓《おし》え給うたごとく、一にわが国体に則《のっ》とり、肇国《ちょうこく》の御精神を奉体して、皇運を扶翼《ふよく》するをその精神とする」と示す。

これは、必然的に「個人主義教育学の唱える自我の実現、人格の完成というがごとき、単なる個人の発展完成のみを目的とするものとは、全くその本質を異にする」ものだ。こうして「国家を離れた単なる個人的心意・性能の開発ではなく、わが国の道を体現するところの国民の育成」が、目標になる。

また「個人の創造性の涵養《かんよう》、個性の開発等を事とする教育は、ややもすれば個人に偏し個人の恣意《しい》に流れ、延《ひ》いては自由放任の教育に陥《おちい》り、わが国教育の本質に適《かな》わざるものとなり易《やす》い」と断じる。なにか今日の教育基本法が批判されている塩梅《あんばい》だが、これは大正自由教育の原理との訣別宣言だった。

徳目遵守は忠の道

二つめの臣民論に行こう。大正デモクラシー的見解に関して、「人民先《ま》ずあって、その人民の発展のため幸福のために、君主を定めるというがごとき関係ではない」としりぞける。「わが天皇と臣民との関係は、一つの根源より生まれ、肇国以来一体となって栄え……ここに世界無比のわが国体がある」のだ、と主張する。

そこで「わが臣民のすべての道は、この国体を本とし始めて存し、忠孝の道もまた固《もと》よりこれに基づく」と、天皇家を国民にとっての宗家《そうけ》とする説がとられる。では忠孝の道とは。「忠は、国民各自が常時その分《ぶん》を竭《つ》くし、忠実にその職務を励むことによって実現せられる。畏《かしこ》くも『教育に関する勅語』に示し給うたごとく、独り一旦緩急ある場合に義勇公に奉ずるのみならず、父母に孝に、（中略。徳目が列挙される）国法に遵《したが》う等のことは、皆これ、大御心《おおみこころ》に応《こた》え奉り、天業の恢弘《かいこう》（注―ひろめること）を扶翼し奉る所以《ゆえん》であり、悉《ことごと》く忠の道である」と、徳目の遵守《じゅんしゅ》はすべて忠へ帰一すると説く。

国民学校の「皇国の道」については、文部省見解がある。それによると、教育勅語の

「斯《こ》の道」であり、その内容は皇運扶翼だという。うえの『国体の本義』の箇所を読み合わせると、国民学校令第一条の「国民学校は皇国の道に則《のっと》りて……」というところは「国民学校は忠の道に則りて……」というのと、まったく同義となる。

戦争は創造の働き

三つめに聖戦論、あえて平和主義否定の思想を取り上げる。神武《じんむ》天皇が、大和《やまと》に朝廷を開くための東征をした。この際に、武を用いた。

このことから、次のような驚くべき論理が展開される。

この武は決して武そのもののためではなく、和のための武であって、いわゆる神武である。わが武の精神は、殺人を目的とせずして活人を眼目としている。その武は、万物を生かさんとする武であって、破壊の武ではない。(中略)戦争は、この意味において、決して他を破壊し、圧倒し、征服するためのものではなく、道に則って創造の働きをなし、大和すなわち平和を現ぜんがためのものでなければならぬ。

これはへ理屈だ。戦争にはかならず殺しあい、破壊しあい、自由を奪いあう相手がいる。これはそちら側のいい分をまったく無視している。必勝を確信している強者の側の、一方的な聖戦論だ。『『国体の本義』は、たんなる『国体明徴』理念の究明の書ではなく、そのことをとおして満州事変からさらに日中戦争、太平洋戦争へと国民を動員していく戦争政策の一翼をになっていた」と評される（『日本近代教育百年史　第一巻』）。

国民精神総動員運動の開始

一九三七年（昭和一二）七月七日、日華事変がはじまる。これを契機にして、八月二四日の閣議は国民精神総動員実施要綱を決定した。ここに強圧的に国論の統一を進める国民精神総動員運動が、開始された。

そして国体の本義という表現は、この運動の指導イデオロギーを示すことばとなった。だから、狭義には刊行書『国体の本義』を指すが、以後はむしろ広義の使用が多い。

この運動の特徴は、上意下達の強圧だ。その一例は、翌一九三八年（昭和一三）六月の秋田県「教育綱領」に見られる。これは知事から、学校長ならびに教育行政官の役割をもっていた市町村長へ発せられた訓令である。

教育報国の実を挙ぐべし

知事は前文において、「今や皇国の使命に鑑《かんが》み……地方の実情に即して適切なる具体的方案を定め……以て教育報国の実を完《まっと》うせんことを期すべし」と命じる。そして具体的には、五条二〇項をあげて示した。そのはじめの条項は、次のとおりだ。

教育綱領

一　国体の本義に基づき教学の刷新を期すべし
一　国体の精華を明かにし、忠君愛国の士気を発揚すべし
一　敬神崇祖の念を培《つちか》い、感恩報謝の至情を涵養すべし
一　国民精神文化の闡明《せんめい》に努め、国民的情操の啓培に努むべし
一　実践的精神教育を重んじ、創造的活動的人物の養成に努むべし
一　師道を確立し、学校をして日本精神体現の道場たらしむべし

そして二条以下に、県民性の陶冶《とうや》発揚、国情に即した社会教化、県民体位の向上、産業教育の振興を指示して、重ねて「以上綱目を分つといえども、その帰一するところ実に国体の本義を徹底し、皇運を扶翼し奉るにあり。至誠一貫、克《よ》くその真義の体認に努め、教育報国の実を挙ぐべし」と結んだ。

教育会も翼賛化

県は、この綱領を文章として配布しただけではなかった。徹底するために、各学校に「地方の実情に即して適切なる方案」を作成して、それを提出するよう求めた。校長たちにとっては、これはうかつなことの書けない仕事だ。

この悩みに応えたのが、秋田県教育会の機関誌『秋田教育』だった。その一九三九年(昭和一四)一月号は、特集「秋田県教育要綱実践要項」を掲載した。これは、方案の作

成を容易にする虎の巻である。

県が要綱で示した五条二〇項目は、こちらでは五条六六項目にと細分化された。たとえば一条の五項目の部分には、一九項目が配された。各学校は、そのなかから適当な項目を選んで、具体的に執筆できるだろうとの配慮である。

そもそも教育会は、半官半民の性格をもった組織ではある。それでも教員の待遇改善を県に要求するなど、民の性格を発揮してきた。しかし、このあたりからはっきりと、官に無批判の下達《かたつ》を助ける翼賛的機関に転じた。

国民精神総動員の教育実践

うえに述べたような次第で、実践要項の内容は長文だ。しかし、これは国民精神総動員運動が学校教育になにを求めたかを、具体的に知ることのできる貴重な文書だ。はじめの部分だけでも抄記して、紹介しよう。

教育要綱実践要項（抄）

（一）国体の本義に基づき教学の刷新を期すべし

A　国体の精華を明かにし、忠君愛国の士気を発揚すべし（以下前掲各項がB～E）

1　御影奉置所の尊厳を保持し、教職員、生徒、児童並びに市町村民をして、日夕《にっせき》敬仰の誠を効《いた》さしむること

3　朝会、祝祭日その他各種会合において、宮城遥拝を行うこと

4　学級において御製御歌を奉唱し、神宮、二重橋等の御額面を奉掲する場合は、敬虔《けいけん》を旨とし御取扱の慎重を期すること

6　神事と関連して、生徒、児童をして祭祀の本義、礼法の体得に力《つと》めしむるは固《もと》より、入学卒業の際には祈願、感謝のため、参拝をなさしむること

8　勅語、詔書御煥発《ごかんぱつ》記念日、令旨《りょうじ》拝戴に奉読式を挙行するは固より、昭和六年十月三十日並びに昭和九年四月三日御下賜の勅語に関しては、教育者会堂の上奉読式を行うこと

10　『国体の本義』の研究に力め、中等学校、青年学校の上学年にありては、之《これ》を必携せしめ、指導の徹底を期すること

11　各教科の教授並びに訓育においては、常に国民的性格の錬成に留意し、従来の指導方針、施設に十分なる検討を加え、特に時局関係事項を教材に取り入れ、その活用を図ること

15　教職員修養施設として、各校において読書会、静座会、座禅会等の例会を開催すること

18　職員会議の機能発揮に関しては、格段の考慮を払い、教職員渾然《こんぜん》一体となり、
学校経営各般に亘《わた》り刷新、振興の実を挙ぐるに力むること

ほかに一〇項が省略されているが、それは御影奉護、神宮大麻の拝戴、家庭における毎朝神仏の礼拝、国旗尊重、新教科書の研究、東亜教材の重視、研究会や講習会における行《ぎょう》的修練の重視、集団的勤労作業の拡充、職員朝会での教育精神の作興、校友会の再検討と健全な校風の樹立、に関したものだ。

これらは、本来は執筆のための指針ではあるが、働きとしては、ここまで具体的な上意下達があったのだ。つまりどの学校においても、否応なしに、各項を実施せざるをえなくなる結果を、官は予測している。これが、国民精神総動員という国民の思想統制を、国体の本義路線において進める運動の実際である。

戦争を迎えた小学校

戦争と教育勅語

一九三七年（昭和一二）七月にはじまった日華事変は、まえの節でみたように、日本の学校をいやおうなしに戦時体制へと巻きこんだ。こういうなかで一九三八年（昭和一三）春、植田小学校長には高橋才吉が就任した。かれが就任してまもなく書いたと推定できる文書に、「植田尋常高等小学校施設経営」がある。その冒頭の「施設経営の三視点」の第一に、教育勅語をあげている。まえがきはこんな調子だ。

畏《おそ》れ多くも、教育勅語はわが国の教育方針を示し給いたるのみではなく、この勅語の御精神は、わが国家の御精神であり、わが国民全体の精神であらねばならぬ。すなわち国民的人格の表現たると共に、国民的理想の各方面をも内含《ないがん》せるものである。わが諸般の発展的活動を起し来る所の、動力をお示しになったもので、いわゆる国家発展の基本的動力に対する、国家意識と解釈しなければならぬのであって、個人個人の活動の根本動力たる意識は、この国家意識活動と当然融合せねばならぬ。

これは、もってまわったいい方だが、要するに教育勅語を、活動の根本動力と捉えて学校経営に臨もう、とする考えだ。道義の混乱への対策という消極的な捉え方ではなく、積極的に教育勅語を万能とする学校経営だ。大切な点は、この文書には執筆のための雛形があったわけではない。それゆえ校長が、自由にそんなふうに考えていた表現だ。

もっとも、日華事変から国民精神総動員運動が開始されて、すでに少なくとも八か月以上をへている。したがって「国家観念の養成」が、つよく意識されている。教育勅語万能というのは、戦争遂行に必要な「お国のために」国民を団結させる観念を、教育勅語を動力として普及していこう、というのだ。ここには、かれも参加した一九三四年（昭和九）の全国小学校教員精神作興《さっこう》大会における教育報国の誓いを踏襲しつつも、いまやそれ以上の拡大強化がみえる。

最後の郷土教育観

そこで、職員の信条の項では「われらは常に教育に関する勅語の聖旨を奉体し、実践躬行《きゅうこう》自ら範を垂《た》れ、身を以《も》って率《ひき》いるの覚悟あること」が、まっさきとなった。

次いで、その訓練方針として「勅語詔書の聖旨を奉戴して、日本精神に目醒《めざ》めしめ、堅実なる道徳的信条を養い、これが実践の指導をなし、以って忠良なる国民、善良なる村民の基礎的教養をなす」が、目標にあげられた。

つづくのが、本年度主要努力点の一つ「訓練の強化（時局中心）」である。このなかには「精神作興に関して」との表現をいれて、教育報国の誓いをつよめる。

ところで、見落とせないのは、うえに「善良なる村民」づくりの意識があることだ。これには「郷土の重視（実際的現場教育）」をあげ、「郷土の現状と児童生活、同僚の個性、学校の歴史、すなわち『ある状態』を正しく認識することが、やがて『あるべき状態』にまで引上げる、唯一の手段であり、方法である。いたずらに事情を異にする、都市教育や他地方の教育を模倣することなく、よろしく郷土を中心とすべきである」云々と、明快に郷土教育論を展開した。

だが日本の郷土教育運動は、郷土愛イコール愛国心へとゆがめられて、たちまち崩壊していく。この文章は、その直前のものとなった。

教育綱領に従属する

高橋校長の学校経営案は、このあと自分なりの文章で、自由に書くわけにはいかなかった。学校を、積極的に国民精神総動員運動に位置づけるもの、すなわちすでに紹介した県の訓令「教育綱領」がひな形になる。

その際「お前の学校では、なにをやっているのか」と問われ、これに対する植田小学校の回答となる文書が、一九三九年（昭和一四）の「植田小学校経営の実際　特に教育綱領の具体化を中心に」である。

これには送り状の控えがない。だから、これが報告書そのものだ、という証明はない。毎年度はじめに、業務として作成する「昭和十四年度」分の学校経営案は、たまたま直前に県に提出した報告書の転用だった、と推測する余地はある。ただ、いずれにしても、県教育会の「教育綱領実践要項」に即して書かれたものだ。この学校が、教育綱領の内容について、これまでどれだけ取り入れ、あるいは取り入れようとしていたのか。この実際を示している。

皇国史観の支配

文書は、上下二欄に分けられた。上の欄は県教育綱領の各条の文章、そして下の欄は、各条に含まれるそれぞれの項についての、植田小学校の「本校経営の実際」である。たとえば、一条の上の欄「国体の本義に基づき教学の刷新を期すべし」では、下の欄の一二項目中に、こんな内容が含まれていた。

一　御影奉置所の尊厳に関し

毎日放課後の清浄。職員生徒児童登校下校の際は停止敬礼。その他前を通る時は敬礼。奉安殿新築完成

三　朝会

毎朝宮城遥拝　外《そと》。毎月曜　国旗掲揚。愛国行進曲。訓示。時局講話
内。毎月曜　開扉《かいひ》。君が代二回。職員生徒児童最敬礼。閉扉。訓示。その他

四　神事

毎月十七日神社参拝。戦捷《せんしょう》並びに武運長久を祈願す。毎日曜神社清掃参拝。神社の前通る時礼をすること。入学祈願。卒業報告

七　昭和九年四月三日御下賜の勅語

毎月三日、定期職員会において奉読式を行う。四月三日の記念日には遥拝式を行いて、記念講話をなす

八　国体の本義
「国体の本義」研究会を毎月七日に催し、職員順番に研究発表をなす
一一　集団的勤労作業
・応召並びに現役遺家族勤労奉仕作業、春季二回、秋季一回（尋五以上男女職員全部）
・女子青年は毎月十五日奉仕
一二　職員朝会
四月三日記念、御影に対し全職員整列の上最敬礼を行い、厳粛裡に御下賜の勅語を奉体して、教育報国の誠を誓う（始業前五分間）
・学校長当日の指示並びに注意。看護番協力事項の指示をなす

まえにいったように、教育綱領実践要項の細目数は一九だ。高橋校長は、そのなかから一二項目を選択した。そして勅語奉読会について、二か所で触れているところをみると、かれのこの行事重視ぶりが判る。にもかかわらず、前年度の文章のなかに満ちていた教育勅語万能とは、いささかニュアンスが違うことが感じ取れまいか。

うえには、植田小学校における『国体の本義』研究会が、「毎月七日に催し、職員順番に研究発表をなす」と書かれている。こう

『国体の本義』研究

でもしなければ、この本はとうてい読み通せるものではなかった。なにしろ『古事記』・『日本書紀』等の引用から始まる。文字の発音からしてむずかしい。初出の難字には、読み仮名が振ってある。しかし二度目からにはそれがない。「国常立《くにのとこたち》の尊」のばあいなら、次のページにでてきても、前ページを開いて読みを確かめられる。だが、ページの間隔が開けば、戻っての読みの確かめはむずかしい。全体としては、あとになるほど、ひどく読みがたい。

加えて、独特の注釈となる。著者が手にした古本には、エンピツやペンでの書き込みがある。その一つ「修理固成」とは、「国を修理《つく》り固成《かため》せ」という国生みの意だ。この項のうえの欄の余白には、「高天原系の精神性と、出雲系の物質性との合体せるところに、天孫降臨あり」と書き込まれている。訳が分かるだろうか。

このような独特の皇国史観に基づく本を読み通し、訳が分かるようになるためには、注解参考書による学習が必要だろう。また、過言でないと思うが、退屈さから逃れるためには、グループによる読書会は有効だろう。研究会は、思想を刷新する機会だった。

記録からみると、植田小学校では、一九三九年（昭和一四）度に『国体の本義』研究会をはじめている。そして国民学校がスタートした一九四一年（昭和一六）四月に、資料として配布された「昭和十六年度植田国民学校経営方針　第一回職員会」というプリントがあって、そのなかの「従来の施設」の項に「二ケ年継続して国体の本義に関する研究を継続したから、これが真の理解者、実践者になる事に努めること」と書いてある。

国民学校への準備として

状況からすると、第一年目は、国民精神総動員運動の一展開として、県の教育綱領にそう教育刷新の一環だ。だが、第二年目となると、国民学校制度案が公表され、すべてが国民学校への改革準備という役割をもった。『国体の本義』研究は、皇国の道と関連づけられた。それゆえに、国民学校が発足した年の経営方針では、あとは『国体の本義』の「真の理解者、実践者になる」とされた。

おおきく振り返ってみると、小学校における指導理念は、一九三四年（昭和九）の篤農二宮金次郎の至誠から、教育勅語遵守《じゅんしゅ》の思想善導の促進へ、そして一九三七年（昭和一二）の戦争拡大を節目に、教育勅語の徳目を共通とする国民の思想行動の統一と団結強化に向けられ、さらに『国体の本義』の皇国史観が加わって、国民学校を開設する準備が整ったといえる。

慰問文は生活綴方を排除

さていっぽうで、日華事変は、発展しつつあった生活綴方の環境に、おおきな打撃をあたえた。一九三九年（昭和一四）度の文書になるが、植田小学校は「戦時国策遂行に関し、その校における教育実践の方案を諮《と》う」という諮問事項に答えて、「銃後援護」のトップ項目として「a 各学期三回、出征兵に慰問文、書方、図画を発送」と書いている。これは各校とも、似たようなものであろう。

そしてときとともに、この種の活動は強化されていった。植田国民学校の「昭和二十年度学校経営要項」のなかの「軍人援護教育」では、「前線・銃後通信（慰問文発送…八日、校報年二回、前線便欄《たより》）」とあるように、うえに示した各学期三回から毎月の慰問文発送にいたっている。こうなると綴方の時間は、もっぱら慰問文作成にあてられていった。また出征兵士に無用の心配をかけまいとの心づかいから、おおくは当たり障《さわ》りのない内容に指導された。

こんななかで、岩手の綴方教師吉田農が指導した学級文集『赤土』は、生活綴方を盛ったものだ。これを慰問袋のなかから受け取った中国戦線の兵士たちは、子どもたちによる故郷のありのままの声に接して、おおいに喜んだ。その一人は、文集を内ポケットにしまい、なんども読み返しては故郷をしのんだほどだ。

この兵士は戦死した。戦場の遺体は敵によってあらためられ、文集は没収された。そしてまもなく、そのなかの不作を記した作品の部分が、日本兵向けの伝単（宣伝用ビラ）に利用された。やがて、吉田は危険な指導者として取り調べをうけた。

第二次北方教育の活動

秋田市の成田忠久は、北方教育社の専属印刷所を、一九三七年（昭和一二）八月一四日で引き払った。事実上、北方教育運動はつぶれたかにみえた。だが、秋田市高等小学校に転じていた加藤周四郎は、教師のサークル活動体としての北方教育社の再興を計った。秋の再興集会を企てた「檄《げき》」を有志あてに飛ばした。こんな書きだしだ。

秋田県小学校教育の現実に、われわれの生活の足もとに進歩的な何物を把握することが出来よう。似非《えせ》精神教育のゴマカシと個人制の圧制、教育は、強権政治そのものだ。綴方というわれわれの愛する奇しき一教科、そして、それが持つ生活教育開拓の示唆を、われわれは、もう一回吟味しよう。

これは気を許しあった仲間へのことばとはいうものの、現実主義の生活綴方の対極、すなわち教育界の大勢が皇国の道＝国体の本義＝精神主義教育にかたむき、国民精神総動員体制が発足しつつあったなかでは、思いきった時局批判の弁だ。

北方教育運動は再起した。そして翌年八月の創立一〇周年記念行事に際して、「宣明」を発表した。そのなかで第二次北方教育社の教育観を、「次の世代を生きる小国民《（ママ）》の仕事においては、児童の生活と乖離《かいり》した教師の独善的世界観の解消を余儀なくしつつある現実をば、身をもって知らねばならないと思う。すなわち、われわれが過去十年間実践しつつある地域性に立つ集団的科学的な教育実践が、この客観情勢に即応する唯一の生活教育たることを信じる」と、明言している。あくまで児童のための真実の教育をつらぬくことに、教育の本道がある、と確信していたことばだ。

生活綴方教師の受難

加藤は、このあと一九四〇年（昭和一五）一月から県の職業指導行政官に転じる。県知事からの要請もあったが、軍需産業が虎視眈々《こしたんたん》とねらう高等小学校卒業生獲得に際して、安易な餌食《えじき》とならぬよう、教え子の利益を守ろうと考えたためだ。

かれは、行政官となってもサークルの指導者としての活動、たとえば教育科学研究会の県支部設立などに働く。しかしこの年一一月二〇日に、かれのこれまでの教育活動の一切が、治安維持法違反、すなわちコミンテルンや日本共産党の下部組織として、国体の変革を計る活動にしたがったものという、まったくの冤罪《えんざい》で検挙された。

このころから翌年一一月にかけて、北方教育のなかま九名をふくめ、全国で三〇〇をこえる生活綴方教師が、おなじ容疑で検挙されている。さらなる戦争の拡大、太平洋戦争への準備として、真実を教える教師の抹殺を計ったとしかいいようがない。

こうして国民学校は、皇国の道の対極にあった邪魔者、現実をありのまま教える教師たちを排除したうえで、スタートした。検挙された加藤は、警察の留置所を転々とたらい回しされ、なんの取り調べもないまま放っておかれた。かれがうえに示した容疑内容を告げられ、はじめて取り調べを受けたのは、一九四一年（昭和一六）四月一二日である。

国民学校の発足

ある国民学校の入学式

饅頭もらい

JR奥羽南線は、秋田駅から内陸部を山形へと走っている。県境に近く、ひっそりと十文字駅《じゅうもんじ》がたたずんでいる。駅前は秋田県平鹿郡《ひらか》十文字町の中心部となる商店街だ。この本の主な舞台となる植田村立植田国民学校（いまは十文字町立植田小学校）は、駅から西方五・六キロメートルほどのところにある。このあいだには豊かに水田がひらけ、この地区が紛《まぎ》れもない純農村であることを物語っている。

一九四一年（昭和一六）四月一日、この日の植田国民学校は、まず上級生たちの始業式をすませ、そのあと一年生の入学式を行っている。もっとも子どもたちも親たちも、村の人たちはだれも入学式とはいわない。いつもの年のように、親しみをこめて〝饅頭《まんじゅう》もらい〟といった。国民学校スタートのこの画期的な日も、例年と変わることはなかった。

あといくつ寝ると……

みんながどうして入学式を饅頭もらいといったのか。同校の古い卒業生のことばで説明しよう。この学校には、創立百周年記念誌『忍の沢《しのぶ》』がある。それに手記を寄せた伊藤生子（一九二六年〔大正一五〕度卒）は「もう、なんぼねれば、まんじゅうもらい——と、指折り数えて……四月一日を、入学式とはいわず、大人も子供も、まんじゅうもらいといった」と書き、また大沼幸之助（一九一七年〔大正六〕度卒）は「あまり大きくない白い皮のまんじゅうが、小袋か半紙に五つくるんで、一年生になるものをはじめ全校生徒に配られる」と記述している。

つまり、すくなくとも大正初年から入学式の日には、全学童に饅頭を配っている。そこで子どもたちにとって「あといくつねると　お正月」と同様に、楽しみな年中行事の一つとして定着した。あとで統計数値を示すが、どの家にも学童がいる状態だから、村中の楽しみだ。

この年にも配布された事実は、一九四一年（昭和一六）度の『教務綴《つづり》』簿の記事に照らして確かだ。国民学校の誕生を特別に祝ったのではなかった。だが、この『教務綴』の記事を見ていくと、これは単純な祝賀や就学奨励策にとどまらない行事だった。

『教務綴』の一九四一年（昭和一六）四月一日の記事を見てみる。そこには簡潔に次のような記述がある。

宗教儀式の執行

◎始業式
一、始業式　午前八時
二、入学式　四月一日　午前九時
三、順序
1　着席　2　修礼　3　開式の辞　4　学校長のお話（受持の紹介も）
5　学芸会　6　閉式の辞　7　修礼　8　退席
○　神事

新年度は第一日めから、全校児童が登校してのスタートだ。この『教務綴』の年度当初の記事のなかには、奇妙に感じるくらい国民学校という文字が見えない。学校長が、始業式でも入学式でも、その式辞のなかで、積極的に国民学校が発足した意義を述べただろうことは、想像に難くない。しかし記録としては残っていない。

おそらく、学級担任をも兼ねる教務係は、年度はじめの多忙な実務処理におわれて、画期的な新制度発足の感想を書こうという、そんな感傷に浸っている暇はなかったのだろう。

たんたんとしたビジネスライクな骨組みのみの記述だ。

こういうなかで、この学校の教務係が絶対に書き落とせなかった文字があった。「神事」だ。現在の日本の国公立学校では、教育基本法に明示されているように、特定の宗教のための宗教教育その他宗教的活動は禁止されている。植田国民学校の神事は、今日ならば、明らかにそれに該当する。

ではそれは、どんなものだったのだろう。

神聖な一画御影室

この年の同校初等科一年生は、男子四四名と女子六一名で、共学の甲と乙二組に編成された。雨天体操場での入学式をおえた新入生たちは、担任と手伝いを合わせた四名の女先生に導かれて、廊下づたいに御影室《ぎょえいしつ》にやってくる。ここは、校門から見るとちょうど真正面にあたる玄関、職員昇降口となる部分の、奥まった場所である。

ここに誘導されてきた新入生たちは、祭ってある神に拝礼をし、謹んで本校への入学の報告とした。別の記事の表現に「報告祭」と書かれているのは、このためだ。

学校の一画に、家庭における神棚のように、神を祭った神聖な場所が設けられていたのだ。この学校では前年一一月、校庭に奉安殿が新設されているから、ここはそれとは別の聖域である。

神は天皇だった

御影室に祭られた神体、拝礼の対象となったものは、天皇と皇后の肖像写真だ。この写真を偶像として飾ったことから、この場所は御影室といわれた。

この写真の主《ぬし》は昭和天皇と現皇太后である。前者は当時の表現で今上陛下《きんじょうへいか》だ。生きた人間がそのまま神として祭られ、崇《あが》められた。

そして御影に対しての新入生の拝礼がすむと、かれらは先生から「饅頭――神前に於《お》いて配る」と、この場所で各個に渡された。これで明らかだろう。饅頭は、たんなる入学祝いではなく、だから教室において機械的に配られたのではない。教室でそれを受け取った二年生以上の上級生たちにとっては、たんにお祝いの品の意味で十分だろう。けれども新入生については、その意味が相違している。

これはまぎれもなく天皇からの下《くだ》され物、恩賜の品に擬《なぞら》えて扱われている。この学校では新入生に対するいちばん初めの教育は、かれらの眼《まなこ》に天皇の肖像を映じさせ、その主が神であることを脳髄に焼きつけ、忠良な臣民となる勉強をはじめますとの、入学の報告（誓い）だ。饅頭はその効果的な演出の小道具だ。

国民学校づくりの構想

国民学校づくりの必要

植田国民学校の入学式の行事は、全国的にあるいは全県にわたって同じというのではない。この学校なりの歴史や事情を反映している。このことは、これから随所で触れられる。そこで、ここでは全国的に共通したことのうちから、まず小学校を国民学校へと改革する構想について、取り上げよう。

一九三七年（昭和一二）一二月二三日、教育審議会第一回総会が開催された。教育審議会というのは、勅令に基づく官制として、内閣総理大臣の諮問に応じて、教育の刷新振興に関する重要事項を調査審議し、それについて建議することのできる権能を与えられた機関である。この年一二月一〇日に設置された。

そして「わが国教育の内容および制度の刷新振興に関し、実施すべき方策いかん」が、諮問第一号として提示された。教育の内容および制度の全般に関する事項、各種の学校教育および社会教育に関する事項、教育行政に関する事項等についての、刷新振興方策を求めるものだった。

教育を刷新する課題

教育の刷新振興をはかるというのは、どういう意味か。当日の近衛文麿《ふみまろ》首相のあいさつのなかから、ことばを借りよう。「今日おおいに教育を刷新して、国運ならびに国民生活の発展に資せんとすれば……、国体の本義をいっそう徹底せしむべき必要……、国民大衆の教育拡充を図るべき要求……、その他国民体位の向上、科学および産業教育振興の必要等……、これら諸般の問題につき、経済・産業・国防をはじめ、宗教・芸術等、すべての文化活動と不離の関係に立ち、さらに国内の情況と東洋ないし世界の情勢とに稽《かんが》え」たうえの教育国策を立案し、実施することだった。

このあいさつにみるような改革が、どうして必要になったのだろうか。これについては、安川寿之輔がうまくかれの見解を示している。「昭和戦時期（一五年戦争の期間）の学制改革をもたらした歴史的条件」として、まず「一つは……日本の資本主義の経済的・政治的危機が生みだしたいわゆる『思想問題』『思想国難』をいかに鎮静させていくか」がある。

また「いま一つの政策意図は、軍部を主導とする国内における『国家改造』をはかりながら、経済恐慌にもとづく国内諸矛盾を対外的な侵略の方向にそらせていくあいつぐ戦争拡大政策にそって、いかに教育を再編していくか」があった。

そしてこの課題解決のための教育政策は、大まかな方向として「一つは、学問・教育・思想の自由の徹底的な抑圧によって『思想国難』の危機を打開していこうとする流れ」となり、さらに「もう一つの大きな流れは、『日本精神』の強調による日本的教学の構築への足どり」となった（『日本近代教育百年史　第一巻』）。

教育審議会が、このような思想国難の打開と戦時体制への整備を目的とするかぎり、国民学校のイデオロギーや制度の構想は、特殊なものとならざるをえない。

男の青年学校は義務制に

教育審議会のさいしょの仕事は、翌一九三八年（昭和一三）七月一五日の第九回総会における「青年学校教育義務制実施に関する答申」の可決である。これに基づいて、翌年四月に青年学校令が改正された。男子青年学校では、この年の普通科第一学年からはじめて、毎年一学年ずつを義務制に加えていき、一九四五年（昭和二〇）度をもって本科第五学年までの義務制の導入が完了することとなった。

女子の青年学校が除外されている。なぜならこの制度は、教育を受ける権利を保障するものではなく、徴兵まえの青年に対して、主として組織的軍事教練の機会を設けようという、まさに戦時体制整備の一環にほかならないからだ。

青年学校と国民学校とは、格別に関係が深い。学校長の兼任や講師の併任をはじめ、校舎は同一敷地内に設置された。青年学校の経営は、国民学校と共にする教育、とりわけ行事の共催がおおい。

国民学校制度づくりの案

一九三八年（昭和一三）一二月八日、教育審議会第一〇回総会は、二番めの「国民学校、師範学校および幼稚園に関する件答申」を可決した。このなかの「国民学校に関する要綱」が、国民学校制度案の骨子を盛りこんでいた。

要綱は一八項目にわたる。あとで述べることと関係があるので、この全容の要約を三つに区分して掲げる。はじめは制度と目的についてだ。

一　国民学校の修業年限は八年とし、これを義務教育とすること

二　修業年限六年の初等国民学校、同二年の高等国民学校とし、両者の教科を一校に併置するものを（単に）国民学校とすること（注―この区分は実施されなかった）

三　保護者は、六歳より一四歳にいたる八年間、児童を市町村立国民学校に就学せしむること

四　国民学校の教育は、左の趣旨に基づき国民の基礎的錬成をなすものとすること

　1　教育を全般にわたりて皇国の道に帰一せしめ、その修練を重んじ、各教科の分離を避けて知識の統合をはかり、その具体化に力《つと》めること

　2　訓練の重視とともに、教授の振作、体位の向上、情操の醇化に努力し、大国民を造るに力めること

ついでは教科と教育指導に関わるものだ。

五　教科は、縦に統合して、別紙の通りとし、それぞれ統合の精神に徹せしむるとともに一面特色を発揮せしめ、究極においてはこれらの教科を国民錬成の一途《いちず》に帰せしむること

六　教育と生活との分離を避け、国民生活に即すること。高等国民学校ではとくに留意すること

七　教科書については内容の整備改善のために必要な改訂をすること

八　学校編成上の留意点

1　学級数および一学級の児童数について、なるべくその減少をはかること
2　教員組織についていっそう有資格者の充実に努力すること
3　二部教授は、特別の事情あれば、適当な制限を設けて認める
そしてつづいては学校教育の指導力の強化とそのほかである。
九　心身一体の訓練を重視し、児童の養護、鍛練の施設および制度の整備拡充をはかること
1　とくに都市児童のために郊外学園等の施設を奨励すること
2　全校体育、学校給食その他の鍛練養護施設の整備拡充をはかること
3　学校衛生職員に関する制度を整備すること
一〇　教員の保健衛生に適切な方策を講じ、とくに教員保養所その他の保健施設の整備拡充をはかること
一一　初任者に六か月の試補期間を設け、校長に教育実務の特別指導をさせること。ただし待遇は正教員並とすること（注―実施にいたらなかった）
一二　教員の地位向上のため、国民学校教員俸給支給法を改め、俸給費国庫負担とする建前の適当な方策を講じ、すみやかに実現を期すること

一三　就学奨励の拡充整備に十分な方策を講じ、貧困による就学の猶予《ゆうよ》および免除は廃止すること

一四　障害児に特別の教育施設と助成方法を講じるよう考慮し、とくに盲聾《ろう》唖《あ》教育は国民学校に準じてすみやかに義務教育とすること（注―実施にいたらなかった）

一五　学校と家庭の協力による国民学校教育の完成を期するように努め、そのための適当な施設の整備を考慮すること

一六　高等国民学校に特修科（一年）を置けるものとし、実業その他地方の事情に適切な教育をすることができるものとすること

一七　国民学校制度実施のうえは、青年学校普通科は廃止すること

一八　国民学校制度実施に際しては、現職教員に必要な再教育を行うこと

このように多岐にわたり、なかには注目すべき革新的内容を含んでいる。しかし実現にいたらなかったものもある。その主なものは、カッコ内に注記しておいた。

新しい教科が示される

さて答申の五項目めにおいて、別紙記載とされたのが、国民学校の新教科だ。これは初等国民学校教科と高等国民学校教科とに分けられている。統合教科をはかることもあって、これまでとはとくに内容領域の分類表現を

おおきく異にした。概要を記そう。
まず初等国民学校の四教科と、それぞれの科目は次のとおりである。
国民科――修身（礼法を含む）・国語・国史・地理
理数科――算数・理科
体練科――武道・体操（教練、遊戯および競技、衛生を含む）
芸能科――音楽・習字・図画・作業・裁縫（女子）
そして備考欄には、各科目の学年配置や内容の配当などが記され、それに加えて行事の重視とその組織化、各教科の教材にわたり「イ　東亜および世界　ロ　国防　ハ　郷土」への留意を促している。
また第一、二学年では「周到なる監督の下に全部または一部の教材の綜合教授をなすことを認むること」としている。
ついで高等国民学校では、初等国民学校の四教科に実業科が加って五教科となる。
実業科――農業・工業・商業・水産の一科目または数科目
以上が内容であるが、ほかに芸能科に家事（女子）が含まれている。そして備考欄には、実業科において農業を課さないばあいには、毎週適当な時数を農耕的戸外作業にあてる建前とすることや、職業指導について考慮すること、教材への留意として公民が加えられていること、あるいは前掲科目のほかに地方の実情に応じる外国語その他の加設科目としたり、随意科目とするなどの適切なる方法を講じること、としている。

制度を改革する眼目

この国民学校制度案について、教育審議会としては、いかなる狙いをもって答申をしたのか。これを、田所美治特別委員長の報告要領を代表として選び、その要点を紹介しよう。

かれによれば「要は教科教材はいうまでもなく、学校教育におけるすべての施設（注―物的施設にかぎらず、こしらえ設けることの意。当時はこの用法がおおい）をして、皇国の道の修練に統合帰一、学校を挙げて真に人物の陶冶《とうや》、国民錬成の道場たらしめ、もって皇運を扶翼し奉るべき国民を、錬成するを眼目と致した次第」となる。

この文意が、あとで植田国民学校長なども使用する「国民学校案の精神を体し」という表現の、その内容にあたる。

小学校長の国民学校づくりへの参加

県からの諮問案

一九四〇年（昭和一五）五月二七日、植田尋常高等小学校の高橋才吉校長は、一通の文書を県の学務部長あてに提出した。それは全罫紙《けいし》の学校用箋三枚を使い、「県諮問案答申に関する件」と標題をつけている。いま残っているのは、カーボン紙をもちいた複写の控のほうだ。朱肉で契《けい》の割り印が押されていて、正文書の大切な控であることを示している。

首題の件左記の通り答申候也

記

諮問案

一、国民学校案制度実施に関し、特に留意すべき事項を諮《と》う

まず、うえの表現によって、秋田県学務部長が小学校長に、国民学校に関して包括的な諮問を行ったことが判る。

これが県内全小学校長を対象としたものか、それとも答申提出者は一部代表にかぎられたものとなったのか、この点は判明しない。というのは、毎年度はじめの定例県教育会においては、県からの諮問が示され、これに応じて教育会は代表を選考して答申を作成・提出していた。あるいは五月はじめ、県の出先機関の地方事務所が郡校長会を開催し、その席で県の諮問がプリントで披露される。おおくのばあい、答申者は当番制での指名による。

だからかならずしも、全小学校長から国民学校についての意見を聴取した、とまでの証拠とはならないものの、現場の声を聴取する姿勢はあった。形式的だったかもしれないが、国民学校制度を現場の理解のうえで発足させようとする機会は、戦時中でさえも、用意されていた一証明となる。

学校は人材不足

このときの諮問案は、前記のほかに「二、労務動員計画の完遂を期するため、学校教育における職業指導に関し採るべき具体的方案を諮う」との一項があった。これも大切な内容だが、ここでは前者にかぎっての答申を取らな

ければならない。

植田校の高橋校長は、国民学校制度案に関して、どのような答申を書いているか。これをさっそく見てみよう（傍線は引用者）。

一、教職員に関して

1　速かに教職員に対し再教育を施す事

特に前途有為の青年教育者に皇民錬成の重大責務を感得せしめ、身を以《もっ》て児童を率《ひき》ゆる気魄《きはく》を養成する施設をする事

2　教育界に人材蒐集する法を講ずる事

教職員を思い切って精神的物質的に優遇する事

師範生を全部官費生にする事

二、国民学校案趣旨徹底に関して

1　文政審議会設立の趣旨、審議会員の答申を玩味《がんみ》する事

2　国民学校案の精神を体し、各科研究会を開く事

三、機会ある毎に市町村当局ならびに一般民に対し、趣旨の徹底を計り、実施に当り支障を来たさざるよう注意を換起し置く事

このように高橋校長の答申内容は、簡潔に教職員の指導力に関わるものと、趣旨の徹底をはかるべきだという情宣の二つの問題を選んでいる。傍線を付した二か所は間違いだ。前者は文政審議会ではなくて、教育審議会でなくてはならない。あとのほうは誤字であり、正しくは喚起である。

こういう誤りを含んだ答申文だ。義理にも質の高いものとはいえまい。だが考えようでは、かえって、こんな平凡な田舎の校長さんさえが指摘している点だ、と現場の悩みの深さを強調してよいかもしれない。

小学校長の本音

かれは、新学制が円滑に機能することは難しかろうと、明らかに危惧の念を抱いている。その原因が、たんにかれの勤務する植田小学校一校のみの、地方的な特殊性にとどまるならばいざ知らず、もし全国的な一般性を持つものだとすれば、これは大事だ。かれはありのままの真実を書いたのだ。このことは、あとで裏付けよう。

教科の思想

教育審議会の答申を受けた内閣総理大臣は名目である。その内容を法規にする実務担当者は、いうまでもなく文部官僚だ。基本法規については、小学校令を国民学校令に、またその実施細則である施行規則を改正する案づくりが、かれらの主要な仕事となる。

勅令主義の教育法

ところで、日本の教育の基本法規の法形式には特徴がある。最初の近代的教育法規は、一八七二年（明治五）の学制で、これは文部省布達だ。ついで一八七九年（明治一二）の教育令や、一八八五年（明治一八）までの教育令改正は、どれも太政官《だじょうかん》布告となった。ここまでは、小学校から大学までを含んだ総合法規だ。

内閣制度の発足した翌一八八六年（明治一九）から、各段階学校ごとの個別法規となった。そのさいしょは三月の帝国大学令、四月に小学校令と中学校令が、というようにつぎつぎに公布された。これらは、明らかに学校制度に関わる法制的整備が、いちだんと進んでいったことを示している。

けれども、この時期の民権の主張からは遠ざかった。教育は天皇の大権事項とされた。一八九〇年（明治二三）に帝国議会が生まれるが、予算や地方学事に関するものを除いては、そこで審議して、法律という形式の教育法規をつくることはなかった。国民が、自らの教育を自らの代表によって、定めることはできなかった。

天皇の名において定めた法規を勅令という。それは、財閥・軍閥・官僚の先輩という、とうてい国民の代表とはいい難い特権階級の構成する枢密院《すうみついん》の諮問をへて、制定された。この構成員の枢密顧問官に、ただ一人の女性も任命されることはなかった。明治のはじめから、法規づくりに日本の女性は無縁だった。

落第はなくなる

教育審議会答申の内容は、すでに指摘したように全部が、あるいはそのまま国民学校令に織りこまれたのではない。たとえば学校名称は、「国民学校に初等科及び高等科を置く」（第二条）となり、初等と高等の国民学校をべつべつに置く二階梯制は採用しなかった。

さて、就学義務制は「保護者は児童の満六歳に達したる日の翌日以後における最初の学年の始めより、満十四歳に達したる日の属する学年の終りまで、これを国民学校に就学せしむるの義務を負う」（第八条）と表現された。ここには就学期間の延長を述べたほかに、二つの意味を含んでいる。

その一つは、原級留め置き、つまり落第を可能とした課程修了主義から脱して、年齢主義の就学年限制が取られた。そしてもう一つは、家庭その他の教育をもって就学義務履行に代えることができる、とされていた旧制を廃止し、国民学校での就学に限定した。これらは現在に引き継がれる制度のスタートである。

貧困では就学免除とならず

さらに答申を受けて、就学免除および猶予の事由のなかに、貧困の文字は含まれず消滅した。また「教頭、養護訓導及び准訓導を置くことを得」（第一五条）と、教員組織や学校衛生職員制度の整備に触れたのも、一定の前進だ。

けれども、すみやかに義務教育とすることがとくに望まれたのは、障害児教育のうちの盲聾啞《ろうあ》教育だったが、これは見送られた。

以上は学校組織体系の枠組に関係するなかの制度改革だったが、国民学校への改革の重点は、むしろ教育内容に関わるものにあった。

教科に反映した政策意図

国民学校令は、この本の「はじめに」に掲示した第一条を目的とした。そして第四条で答申に添った教科を定めている。ただし、これらの細部の定めは、文部大臣に委任している。それが国民学校令施行規則だ。

これこそ国民学校制度の特徴をもっともよく示している。「国民学校令施行規則は、まさに皇国民錬成の思想をもって、自由主義、個人主義、民主主義、共産主義を排除し統制するための、赤裸々な教育内容統制の法規範化」だ、といわれる（『近代日本教育百年史第五巻』）。

国家が教育に関与して以後、教育内容は積極的にナショナリズムと深い関わりをもって選ばれている。国語は、外国人が単なる語学として学ぶような日本語ではない。すべての民衆に共通のことば・思想・感情を育《はぐく》む教材が選ばれて、教科書を作っている。民衆は知らずしらずのうちに、日本国民に形成される。

大国民たるの資質を養成

国民学校令施行規則の第一条は、国民学校の教育方針に触れた。「教育に関する勅語の趣旨を奉体して、教育の全般に亙《わた》り皇国の道を修練せしめ、特に国体に対する信念を深からしむべし」と、忠君愛国に通じ、そして「我が国文化の特質を明かならしむると共に、東亜及び世界の大勢に付いて知らしめ、皇国の地位と使命との自覚に導き、大国民たるの資質を啓培するに力《つと》むべし」との超国家主義（選ばれた優秀民族観）に立った。

当時のことばでいえば、これは東亜の盟主となって、世界政策を実行する国際人たらんがための大国民養成が、目標にされた。

国体の精華を明らかに

第二条では、国民科に言及する。「国民科は我が国の道徳、言語、歴史、国土国勢等に付いて習得せしめ、特に国体の精華を明かにして国民精神を涵養《かんよう》し、皇国の使命を自覚せしむるを以《も》って要旨とす」と述べられる。

そしてつづいて「皇国に生れたる喜びを感ぜしめ敬神、奉公の真義を体得せしむべし」と、日本独自の独尊的国家主義を明示している。ついでその内容に触れ、「我が国の歴史、国土が優秀なる国民性を育成したる所以《ゆえん》を知らしむると共に、我が国文化の特質を明かにして、その創造発展に力むるの精神を養うべし」と、指導の力点をも示している。

国防は科学の進歩に負う

理数科に関して第七条は「科学の進歩が国家の興隆に貢献する所以を理会せしむると共に、皇国の使命に鑑《かんが》み文化創造の任務を自覚せしむべし」とした。これに加えて「国防が科学の進歩に負う所大なる所以を知らしめ、国防に関する常識を養うべし」と述べた。軍国主義日本の、しかも戦時下にあっては、国防は欠くべからざる表現となった。

体錬は献身奉公の実践力

第一〇条は体錬科についてだが、ここでは心身の育成が「献身奉公の実践力に培《つちか》う」点におよび、「強靭《じん》なる体力と旺盛なる精神力とが国力発展の根基にして、特に国防に必要なる所以を自覚せしむべし」と、究極における銃後の戦士を養成しようとする観点をもって表現している。

音楽は愛国の精神を

第一三条は芸能科について「国民に須要なる芸術技能を修練せしめ、情操を醇化し国民生活の充実に資せしむ」と、一見おだやかだ。しかし音楽は「国民的情操を醇化する」だけに止まらない。「祭日祝日等に於ける唱歌に付いては、周到なる指導を為し、敬虔《けいけん》の念を養い、愛国の精神を昂揚《こうよう》するに力むべし」（第一四条）と、愛国心教育との深い結びつきを明示した。

また芸能科家事については「我が国家庭生活に於ける女子の任務を知らしめ、実務を習得せしめ、婦徳の涵養《かんよう》に資する」とか、あるいは「我が国家庭生活に於ける醇風《じゅんぷう》美俗の維持発揚」（第一九条）が目標とされ、家父長制を維持する封建道徳にたつ理念が述べられている。

もちろん国民学校令やその施行規則が述べるところは、まだまだ広範におよんでいる。以上は一部の紹介にすぎない。それでもおおきな思想的改変のうねりが、国民教育のうえに積極的に襲ってきたことを、明瞭に読み取ることができるだろう。

ある国民学校の年度はじめ

前日から大わらわ

一九四一年（昭和一六）三月三一日、これは尋常高等小学校最後の日だ。この日、植田尋常高等小学校の教員は、全員が出勤した。この学校の『昭和十六年度　教務綴《つづり》』は、この日からの記録を綴っている。その一つに「学年末諸帳簿調製」という記事がある。この業務の作業割当には、この日の日付で発令された人事異動による転出者二名・退職者一名も含んだ氏名が書かれている。それで全員出勤とした。ほんとうに出勤したのかどうかを確認したいが、証拠の出勤簿は喪失している。

もう一つの記事は、入学準備関係の業務だ。当然とはいえ、こちらのほうの作業割当にはかれらの名はない。学年末諸帳簿調製というのは、その年度の出勤簿・児童出席統計・宿直日誌・看護番日誌・部落日誌・学校日誌・時間割に、表紙をつけて綴り紐でくくった簿冊とし、保管をするための作業だ。学校沿革誌などは、なぜか掲載されていない。

この日はじめて、国民学校の名称を新しい帳簿に記入するのが、新学年への準備作業だ。「新年度諸帳簿」は、上掲のなかから児童出席統計を除き、ほかに往復文書綴が加えられ、さらに校務分掌上の「その他各部に属するものは、その部において用意のこと」とある新帳簿づくりもある。

学年はじめの多忙な教務

さて、教員は年度はじめに、どんな仕事をしたのか。『教務綴』から、作業項目をあげてみる。カッコのなかには、割当られた教員の名前を省略し、その員数を示すことにする。

（一）　入学準備（五名）
（二）　教室整備（五名）　机、腰掛の配置、宿直室移転、簡単な掃除、掃除道具も配給、下駄箱割
（三）　式場の掃除（三名）
（四）　入学に関しての打合会（一年受持と他四名）　二・〇（注—二時の意）

（五）　出席簿調製

（六）　教師用教科書交換　一・〇

一項と四項での入学という表現が、新入生受入れを意味することはいうまでもない。またほかのページに「新入学児童歓迎学芸会（四、一）　プログラム作製、芸能部」や「式場　高二受持　高二児童（掃除、ゴザ、花、テーブル其の他）」の記事がある。この日は高等科の生徒が登校し、かれらの数の力で、仕事をバタバタと片づけた。

教員泣かせの出席簿

バタバタと片づかない業務が、出席簿調製だ。今日のようなゴムの氏名印がない。一人ひとりの児童名を、所定の用紙にペンの手書きだ。この年の植田国民学校の学級規模は、高等科が三四名と三九名、そして初等科のほうは四五名から五八名だ。手書きのスピードには、相当の個人差がある。けっきょく夜まで居残る者がでる。

以上の『教務綴』の記録は、国民学校の実際の活動が、植田校では旧制最後の日にはじまったことを物語っている。容易に推察できるように、この日からは、旧制へのケジメの感傷を捨て、新制への期待に高ぶることもなく、ただひたすら例年のように慌《あわ》ただしい、新学年度への準備だった。

学校における学習指導の単位、それは学級だ。ではどのように編成されたのか。まず現在の学級規模と男女共学との比較で見てみよう。現在の学級規模は四〇名以下であり、すべての学年において男女共学になっている。

三学年からは共学の否定

学級編成の人数は、国民学校令施行規則では「初等科にありては六十人以下、高等科にありては五十人以下とす」となった。これまで尋常小学校七〇人以下、高等小学校六〇人以下だったから、これでも改善だ。

植田国民学校の初年度では、施行規則に反した学級編成はない。しかし初等科の全クラスが四〇名以上だ。翌年度には四年男組が六八名（ちなみに女組は四七名）となるから、現在に比すれば、ずいぶん過大な学級規模だった。

初等科の低学年一、二年には不適用と明記されたが、「女子の数一学級を編制するに足るときは、男女により該学年の学級を分つべし」が、三年以上の共学否定を原則とする施行規則だ。植田校の初年度では、これまでのように三年までが甲組・乙組という共学編成で、四年以上が男組・女組だった。ただちには新制度に移行できなかったのだ。翌年度からは法制どおりとなり、一、二年は松・梅の組名となり、三年以上は男組・女組となった。

なお「女子の数一学級を編制するに足る」という、その基準の員数を決めるのは、各都道府県が定める国民学校令施行細則の役割である。秋田県では「三十人以上たることを要す」だった。

錬成ばやりの指導分掌

国民学校令が示した戦時下学校教育の最高目的は、皇国の道に則る国民の錬成だ。この錬成に関わる国民学校活動における教員の各種の役割と、校内における責任の位置づけとを一覧表にして示したもの、それが校務分掌一覧である。

まず植田国民学校のばあいの、一九四一年（昭和一六）度における教学部を中心に若干の整理をしたものが、次の表2である。実際にはこれに担当教員名がつけられている。教学とか錬成とかの表現は、これまでの校務分掌一覧のなかには見なかったことばだ。従来の教務や指導にとって変わった新しい表現だ。教科錬成部を構成する五教科は、国民学校制度の新教科であり、初出現はいうまでもない。

錬成の気分が横溢

修練会と書かないで、あえて修錬会と書く。こんなところにも、錬成の気分が横溢《おういつ》したとみてよい。その表示から省略した部分には、活動内容があって、それは研究発表・研究会・講習会・行的修錬および運動体育の五項目

表２　植田国民学校校務分掌一覧（1941年度）

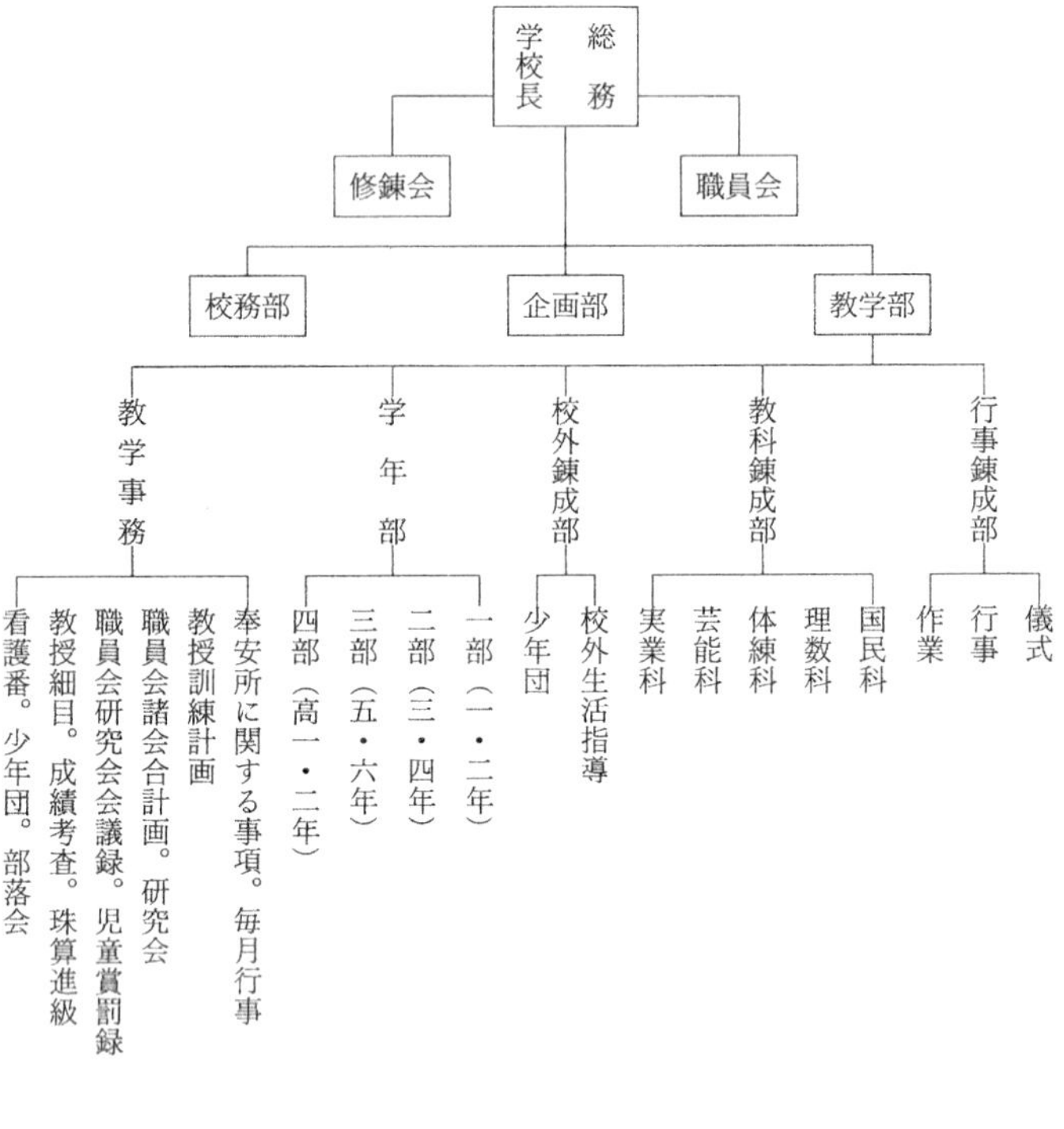

だ。ただし担当者名は記載されていない。

修錬会の推進は、校長や首席訓導（いわゆる教頭。この学校に正式任命の教頭職が置かれるのは、一九四三年〈昭和一八〉度以降）がリーダーとなり、行事ないし教学の事務として、その都度の適任者をえて、なされたと思われる。

企画部については、その構成者が教学部と学年部主任であることのみを示している。

雑務が山盛り

この時代は、まだ専任の事務職員や養護教諭が置かれていない。そのために、教員が学習指導を主とした児童の指導のみに専念するわけにはいかない。このころは教員というよりも、職員でとおっていた。これに応じるように、いろいろな事務があり、みなで分担して担当しなければならなかった。

これを教務と分けて雑務とし、事務職員必置に向けての雑務排除闘争が組織されるのは、戦後である。どれほどのものがあったのか、表3に示そう。

このなかには、地域的な事項がある。たとえば、経理部のなかの会館寄付金の会館とは、一九三六年〈昭和一一〉に秋田県教育会が設立した教育会館のことだ。ちなみに、これは現在財団法人秋田県教育会館として管理運営されている。

表3　植田国民学校校務部の分掌内容（1941年度）

- 校務部
  - 助成団体部
    - 主婦会
    - 常会
    - 国防婦人会
    - 青年団
      - 男
      - 女
  - 整理衛生部
    - 衛生設備計画、校舎内外の美化計画、職員・児童身体検査、虱駆除
    - 健康相談、トラコーマ洗眼、給食
    - 回虫駆除、肝油補給、校具保存
    - 図書図物整理保管、拾得品の処理
  - 備品部
    - 器具機械、設備計画、校具台帳、掃除用具、教室用具の配給
    - 図書掛図修理、電話料
  - 経理部
    - 予算編成、物品請求、金銭出納
    - 共同会計、互助会、赤十字、会館寄付金、道川寄付、保険、その他会計
    - 教職員共済組合、貧困給与、配給品の配給
    - 購買
  - 庶務部
    - 往復文書（甲）、学校沿革誌、職員履歴書、学校一覧、宿直割
    - 往復文書（乙）、職員勤務調、諸会合案内、諸届、検印保管
    - 児童出席統計、学籍照合、汽車割引券、法令加除

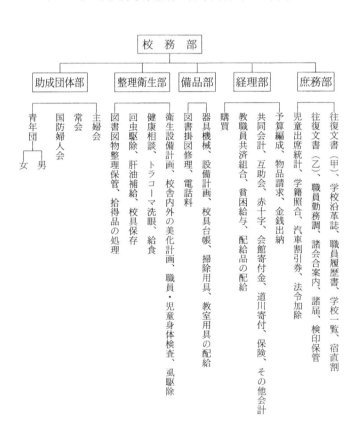

校長は月給くばり

ところで、表示されていないけれども、書き落せない大事なことがある。それは教職員の俸給を支給する事務だ。毎月一回、前年までは市町村役場へ出かけた。そして一九四〇年（昭和一五）の義務教育費国庫負担法により、すなわち教員俸給が市町村費支出から都道府県費支出へと変わり、その半額を国庫で負担する制度の施行となって、こんどは県の出先機関である地方事務所に出向いた。そこで一校分の俸給をまとめて受取り、学校にもどって各員に支給する事務となった。

この現金受領・持ち帰り・支給という責任の重い役割は、ほとんど校長が担当した。それゆえに校務分掌に掲載されなかったと考えられる。そして学校にもどってからの、各員別支給のための仕分け、この際の諸差引までを、校長が自ら担当したかどうかは学校ごとの事情により相違した。ともあれ校務は、こういう間違いを許されない大変な事務をも抱えこんでいた。

こういう背景があってみれば、国民学校令が教頭や養護訓導を配置する道を開いたことは、格別に評価してよい。ただ、その実現が待たれ、植田国民学校の発足時では、まだ現実化していなかった。

高橋才吉校長が、県からの国民学校案制度実施に関する諮問に応じて答申したとき、教職員問題をあげた。これはこの時期の正直な声だ。

教員の数は揃っていたが

日華事変の長期化は、国中で適正な教員の確保を困難としていた。植田国民学校でも、高い質をもった教員を十分には確保できなかった。戦争の影響を見るために、日華事変の起きた一九三七年（昭和一二）度から、国民学校がおわり六三制の発足した一九四七年（昭和二二）度にわたる間の、植田校の教員の推移を捉えてみたい。表4である。

この表について補足したいことは、六学級以上の規模の学校だったから、教員合計数がつねに学級数プラス一名だ。そして一九四〇年（昭和一五）度までの筆頭教員高橋才吉は「訓導兼校長」と発令されたが、一九四一年（昭和一六）度以降の発令では単に「校長」に補されている。

ともかく教員の頭数は揃っていた。

教員の女性化

だが問題がないわけではない。性別でみると、一九三七年（昭和一二）度の男女比は一一対四であり、女性率は二六・七％だ。これが高橋校長が答申を書いた一九四〇年（昭和一五）度では、女性率は四七・〇％に上昇した。ついに、

表4　植田国民学校教員の推移（一九三七—一九四七年度）

年度＼区分	教員数 計	教員数 男	教員数 女	内正教員数 計	内正教員数 男	内正教員数 女	正教員充足率	摘要
一九三七年	15	11	4	12	8	4	八〇・〇%	尋常高等小学校
三八	16	10	6	13	8	5	八一・三	
三九	16	10	6	12	8	4	七五・〇	
四〇	17	9	8	13	9	4	七六・五	
四一	17	8	9	13	8	5	七六・五	国民学校
四二	17	8	9	13	8	5	七六・五	
四三	17	8	9	12	7	5	七〇・六	
四四	17	8	9	11	6	5	六四・七	他に応召者1
四五	17	6	11	11	5	6	六四・七	他に応召者2
四六	17	10	7	10	6	4	五八・八	
四七	14	8	6	4	1	3	二八・六	六・三制発足

敗戦の一九四五年（昭和二〇）度の女性率は六四・七％に達した。急速な女性化の進行だ。逸見勝亮の研究では、全国的にみても一九三七年（昭和一二）度の女性率三一・七％は、一九四〇年（昭和一五）度の四〇・一％をへて、一九四四年（昭和一九）度には五一・八％に達し、「従来の全教員中男子教員三分の二、女子教員三分の一の原則は打破され」てしまった。

いうまでもなく、戦争が拡大激化し、男子教員が兵員に召集されたあとの補充が、女子によってしかできなかった結果だ。このばあい、女性化は即教育指導力の低下に結びついた。国民学校の教育方法が錬成だったからだ。軍国主義にたつ諸教科の内容、その指導方法の特徴、とりわけ大声を張りあげる号令のおおい団体訓練、たとえば運動会の閲兵分列では、女子教員が小隊長として指揮を執《と》るという特殊な時代だ。この状況下では、女子教員の指導力は、相対的に低く評価された。

代用教員・助教の増加

もう一つ教員の指導力の低下を示す指標がある。正教員充足率だ。正教員とは、国民学校令のもとでは本科訓導（本訓）、初等科訓導および専科訓導を指す。ほかには本科準訓導、初等科準訓導および代用教員あらため助教がいる。これらは教員の資格に基づく区分だ。

なお正教員といっても、師範学校出身の本訓とその他（検定による資格取得）とが区分される。植田校では、一九三七年（昭和一二）度の正教員全員が本科正教員（旧制の呼称）だ。それが戦争末期の一九四五年（昭和二〇）度ともなると、正教員一一名中に本訓は七名にすぎない。残る四名は女子の初等科訓導（検定）だった。

ちなみに逸見の指摘でも、全国的な傾向として本科正教員の教員総数に占める構成率が一九三七年（昭和一二）度八二・三％から、一九四四年（昭和一九）度の七二・五％にまで漸減し、いっぽう代用教員・助教は、しだいにその構成比を高めていく。

この傾向は植田校のばあいでも同様だ。一九三七年（昭和一二）度の男一名から、一九四〇年（昭和一五）度女三名となり、一九四五年（昭和二〇）度には男一、女四計五名の助教を含んだ。国民学校は高橋校長が懸念《けねん》したところの、不十分な指導力の教員スタッフで船出した。

学習と団体指導の体制づくり

級長の選任

学級を営むうえで、児童たちのなかにリーダーを位置づける方法がある。

植田国民学校では級長・副級長制を採用した。四月七日、三学年以上の各組の級長および副級長に対して、校長名での任命書が交付された。用紙はA５判サイズのわら半紙を用い、本文は謄写版による印刷という粗末なものだ。

一九三六年（昭和一一）度の現物も残っているから、この学校では、以前から任命書を交付して級長・副級長選任をしてきたのだ。この学校に成文の「級長規定」があったかどうかは不明だ。ちなみに県内の宿《しゅく》尋常小学校が一九二一年（大正一〇）に制定した「級長規定」は、『秋田県教育史　第三巻』に掲載されている。

また『教務綴』で見ると、共学の初等科三年では、各組とも男子の級長と男女一名ずつの副級長を配す三名体制をとり、別学となる四年以上では、級長・副級長一名ずつの二名体制だ。前述の宿小学校では「第三・四学年にありては教員之《これ》を特選し、第五・六学年にありては選挙せしめ、学校長之を任命す」とある。しかし、このような選挙制というのは大正デモクラシー教育の産物だろう。国民学校体制下での存続は考えにくい。

旗手の任命

同じ四月七日に、校旗の旗手として、正旗手一名・副旗手二名が任命された。その氏名をみると、正旗手は高等科二年男組の級長だ。副旗手のうちの一名は同じ組の副級長、そして残るもう一人の副旗手もまた、同じ組の男子だ。女組の級長や副級長の名はない。

この選考の基準は、容易に推量できよう。要するに最上級の男子生徒のなかからのみ、成績優等の順に選んで、三名の旗手とした。明らかに女子は無視されている。

この学校の校旗は、一九三八年（昭和一三）二月一一日の紀元節に校旗樹立式を行い、そのあと戦争のおわりまで、しばしば戦意高揚の全校行進や、戦勝祈願の神社参拝などの先頭にたつシンボルだった。今日のように、ふだんは校長室の飾りもの、行事日には講堂の壇上に飾られるといった、校内のアクセサリーとはだいぶ意味を異にしている。かなり似ているとすれば、それが競技応援団の先頭にたつばあいだ。

少年団の編成

『教務綴』によると、四月一二日の第三校時に少年団入団式が行われた。

これには、三年生以上の児童が参加した。つまり新三年生となり、かれらの入団に伴う新年度の少年団編成を行った。どんな内容だったのか、式順を示そう。

少年団入団式

（一）一同整列　（二）敬礼　（三）開式の辞　（四）宮城遥拝　（五）黙禱（靖国の英霊に対し奉り感謝）（六）君が代斉唱　（七）青少年学徒に賜わりたる勅語奉読　（八）団長訓示　（九）新入団員宣誓　（一〇）唱歌　国民進軍歌　（一一）聖寿万才《ママ》奉唱　（一二）閉式の辞　（一三）敬礼　（一四）退場

すこし少年団の歴史をたどってみる。わが国における創設は一九一四年（大正三）だ。ボーイ・スカウト方式による組織ではじまった。だからこれは、学校教育外の領域にあった。

ところが、一九三五年（昭和一〇）に大日本少年団連盟という、国粋主義的少年団運動が組織された。これは、一九四一年（昭和一六）五月には、大日本青少年団のなかへと統合された。この過程で、学校教育の内側と密接な結びつきが生じた。すなわち、地域のボランティアの手によってではなく、小学校ついで国民学校の教員の手によって、編成され活動するように進められたからだ。

植田国民学校の校務分掌一覧のなかには、少年団の担当者が置かれている。校務として明確に位置づけられた。ただこの学校の少年団が、いつ創立されたかは不明だ。

新たな役割を担った少年団

一九三〇年（昭和五）四月の調査では、当時の秋田県の二三八市町村のうち、わずか一八町村に五五の少年団をみたにすぎない。もっとも、植田村のある平鹿《ひらか》郡についてみると、二五町村のうち五町村において、三九の少年団があった。この地域は、だんぜんボランティアによる少年団活動の先進地だ。しかしその五町村のなかに、植田村が含まれたかどうかは、確認できていない。

植田国民学校の『学校沿革誌』によると、一九四一年（昭和一六）三月二一日に「青少年団結成式をあぐ」とある。そして国民学校になった新年度は、当初から活動が活発だ。「五、一九　少年団旗調整　五、二一　第一回少年団査閲施行」とある。学校教育の内に取りこまれたために、積極的な活動を生じた証《あか》しである。

もっとも内なる活動といっても、教科課程のなかにまで入りこむのではない。日常的には、あとに述べるように通学組織として働いた。とりわけ、その活動は運動会・軍人援護活動・増産などで発揮された。ところが、時代の流れは教科の授業実施をしだいに困難とした。反面、出征兵士や戦没者の留守ないし遺家族の家の、労務不足を補うことを含む軍人援護活動、あるいは増産のための労務動員への従事が増加した。

これらへの従事には、少年団組織を単位とすることがおおかった。国民学校の活動は、学級活動に従属していた少年団活動から、やがて主として少年団が中心の活動へと転換していく。これに関わりのあることは、あとの章で見ることになる。

少年団の組織

少年団は、学区内の部落を単位として組織された。組織の規模のバランスを計るために、大きな部落のばあいには二分割し、また小部落二つを一緒にするなどして、一九分団となった。

それぞれに、最上級生が分団長と副分団長に任命された。その員数は各男女二名ずつ計四名、ただし小分団では二、三名のばあいがあった。最上級生の大部分は、高等科二年生だ。けれども該当者がいないところでは、高等科一年の団長だけでなく、女子の団長を含む男女の初等科六年生、さらに最低学年では男子五年生が副団長のばあいもあった。

児童部落常会

四月一二日の第四校時は、少年団入団式につづいて、部落常会ならびに分団会にあてられた。ところが部落常会の構成単位は、上述の少年団の単位のままではない。少年団一九分団より三単位減って一六部落に分けられた。したがって、少年団の分団会として捉えれば、三つは合同分団会だ。

もちろん、この会は児童の自治的な運営によるものではない。この年は、部落担任が紹介されたあと、かれから次の伝達がなされた。

児童部落常会

1　少年団員は朝登校の際各部落毎に整列して、団体で登校し奉安殿に恭《うやうや》しく敬礼して校内に入ること。

○　ラッパ、分団旗を部落児童の勤労によって求めること。

○　寄付等はなるべく控えること。

2　外遊びは、電灯と共に一斉に止めて各自家に帰ること。

ラッパある部落はこれが合図にラッパを吹くこと。

3　毎日曜朝は、神社境内、道路を清掃して参拝すること。

4　興亜奉公日の注意。

5　道路は、常に清浄を第一とし、馬糞《ばふん》、木屑《きくず》、紙屑等ある時は、直ぐに捨てること。
6　道路に一杯になって遊びいる子供等あり、交通の邪魔にならぬ様《よう》に注意すること。
7　火気に充分注意するは勿論《もちろん》、火の用心の宣伝を適当に工夫してやること。野火《のび》を絶対につけぬこと。
8　買い喰《ぐ》い無駄遣《づかい》の悪癖ある子供は、お互に戒め合うこと。
9　朝寝の癖ある子供は、出征兵士の労苦を偲《しの》び、この機会にただちに直すこと。
10　落書はどこの部落に行って、いかなる隅《すみ》をさがしても絶対にないようにすること。
11　善《よ》く家に手伝う子供や善く勉強する子供は、皆で敬《うやま》い合い真似し合って部落の気風を善良に導くこと。

以上が部落担任から、口頭で伝達された。集団通学が少年団の日常的活動の一つだったことが、第一項によって示されている。そして第二項以下は、校外生活指導の内容に相当している。

学校を会場とした、一校時（四〇分）をあてた部落常会だった。編成と伝達のみにおわったことは推察に難くない。しかし、毎日曜日朝の活動がある。だから、その際部落において常会を持つことができるはずだ。だが、これは理屈だろう。それに参加し、指導の任に当たる奇特な教員がいたかどうか。著者の体験では、教員たちは、夏のラジオ体操会の第一日めにしかこなかった。この点の植田国民学校の記録はない。

親との連携・家庭訪問

都市化のすすんだ今日では、教師が家庭に出向いて親と話合いをすることは、はなはだ困難だ。ＰＴＡ活動が組織され、学校参観とその際の懇談会、あるいは進学問題を取り上げての面接相談など、どれも場所は学校だ。ところが、明治の学制期の就学勧誘のためにはじまって、そのあとずっと家庭訪問があった。国民学校となっても、これは変わらなかった。

いや、この時期の日本は戦争中だ。少年兵や満蒙開拓《まんもうかいたく》青少年義勇軍の募集のために、特定生徒の家庭に向けて、執拗《しつよう》な訪問が展開された。もっともこれは臨時的なものだ。

話を一九四一年（昭和一六）度の植田国民学校における、定期的家庭訪問に移そう。この年の家庭訪問は、四月一四日（月）から一九日（土）の一週間と計画され、実際は一八日でおわった。その内容は、午前中を児童個々の家の訪問にあて、午後の部は部落主婦会と銘うった全体会だ。

主婦会による啓蒙

まえの部分の内容は含まないが、あとのほうの記録を主とした『昭和三年以降　家庭訪問主婦会記録』がのこっている。ここには、一九四三年（昭和一八）度分までの主婦会の記事が記録されている。家庭訪問のほうは、個々人に関わる問題だから、その内容を全校的な記録にしにくかったのだろう。

家庭訪問とセットにされた全体会としての主婦会が、どうして生まれたのか。その誕生は、一九二八年（昭和三）に赴任した宮原多治校長の、農村それ自体や学校の厚生・活発化には健全な家庭の主婦の存在が欠かせない、という郷土（農村）教育の主張に基づく実践にはじまる。そのあと年中行事となった。

学校近辺の部落の会場は学校、ほかでは部落の作業場や飼育場そして個人の住宅があてられた。あらかじめ決められた各会場に共通する会のもち方は、次のとおりだ。

1　修礼　2　宮城遥拝　3　黙禱　4　学校方針説明　5　部落担任挨拶　6　懇談
7　修礼

学校の方針を説明して親の理解を求め、懇談のなかで寄せられる親の要望を、これからの学校ないし学級経営に反映していこう、という目標をもっている。この年は国民学校の発足があったから、当然その理解を求めている。

たとえば第一日めは、学校を会場とした植田部落だった。学校の方針説明を担当した教頭が、発足した国民学校教育の特徴として「体育、訓練重視、職業指導」などをあげている。説明担当者が変わっても、この辺はどの部落会場でもほぼ同じだ。
違いは、懇談の際の内容だ。九会場それぞれに特徴がある。いま話題を、部落児童常会の伝達事項の一つだった、少年団の分団旗とラッパ購入の問題にしぼる。

親たちの協力

第三日めに開かれた沼尻部落（一四名出席）では、「ラッパ、団旗の購入費調達に就いて、児童の勤労だけでは、との声起り、父兄も一役買って出ても好いような口振りだった」と記録されている。これは、寄付等をなるべく控えよう、という学校の方針説明に対する反応だ。

沼尻部落は戸数二二、児童数三六にすぎない。ちなみに学区の全戸数は四九七、児童総数は七四八だ。小規模の部落の児童にかかる勤労負担は、恐らく親が心配するように他部落の児童のそれに比して、相対的に大きい。ましてや購入を急ぐにおいては、一時的な勤労負担量は増す。収入の得られる児童の勤労というと、この時期では山菜採集だ。それなら親も一役買おう、という提案は自然だ。

この提案への措置は不明だ。けれども既述のように、五月一九日には少年団旗調整をしている。このようなスピードから判断すると、けっきょく寄付をも仰いだと考えてよかろう。もともと寄付の徴集は、絶対にしないではなく、なるべく控えるだった。

まにあわなかった教科書

国民学校の教科書は、新年度のスタートのときまでに用意されたのだろうか。教育審議会の答申は、教科書の改訂を求め、文部省は国定教科書の編集・発行の具体化に着手した。その方針では、初年度に、まず初等科第一、二学年用の新教科書を発行し、しだいに上級学年におよび、一九四五年（昭和二〇）度の高等科第二学年用発行をもって、五か年計画を完了させる予定だった。

したがって、新国民学校の発足のときは、第一、二学年の新教科書の供給が肝要であった。四月上旬に学校が調べた結果が『教務綴』にある。それによると、まにあったのは国語と二年の習字だけだった。ほかの修身・音楽・図画工作と、一年の習字はまだ供給されていなかった。

だから新入生が、最初に歌うはずの「ミンナデ　ベンキヤウ　ウレシイナ　コクミンガクカウ　イチネンセイ」という「ガクカウ」は、すくなくとも教科書を用いては指導できない。これは新教科書『ウタノホン　上』のいちばんはじめの歌だ。

お下がりの教科書

この時代、教務の悩みは、いかにスムーズに全校生に漏れなく教科書をもたせるかだった。いまと違って教科書は有償だ。そして全員が、新しい教科書を購入できるとはかぎらなかった。いわゆる「お下《さ》がり」と称する、使い古しの教科書を用いなければならない家庭の子がおおかった。

教科書の用意は親の任務で、本来はプライベートなことだ。新品の購入、兄姉からのお下がり、親戚や縁者のつてでの入手などのいずれかで用意する。しかしなかには、教科書を用意できないまま、新学年を迎えるものがいる。そこで教務係は「教科書不足冊数調(児童)」をし、学校の手によって対策を講じなければならなかった。

一、二年生は全員新教科書の購入になる。それを除く三年生以上でみると、初等科で二七六冊(うち六年国史九〇冊)、高等科で一三八冊を必要とした。これは人数を示すものではないが、おおい数だ。このうち六年の国史教科書は、新編の『小学国史　下巻』の配本待ちであり、全員が購入しなければならないものだった。

なお、このあと植田国民学校において、いつ遅配の教科書が入手できたのか、それを示す記録は見当たらない。

魂の教育

日米開戦のもとで

校訓の通信箋からの撤退

最後の校訓掲載

まえに紹介したように、植田小学校時代には、広義の校訓にあたるものを、訓練要綱とか、あるいは児童信条などの呼称で、通信箋《つうしんせん》に掲載してきた。この学校における固有の教育目標を、家庭に知らせる役割を果たしてきたのだ。これは国民学校になってから、どうなっただろうか。

それが踏襲《とうしゅう》されたのは、国民学校が発足した初年度かぎりだった。しかも、その『昭和十六年度通信箋』をみると、これまで表紙に掲載されていたのに、裏表紙へとまわされている。どうしてこんなことになったのか。そのはっきりした理由は分からない。ただ、すこし推測してみる余地はある。

というのは、この間に国民学校をとりまく劇的な状況の変化があった。いうまでもなく、一九四一年（昭和一六）一二月の太平洋戦争への拡大だ。それに伴って、あとで見るように学校の経営に対して、上からの指示がおおくなる。それを学校任せにしないから、学校教育の統制、画一化がいっそう進む。個々の学校が、独自の教育目標を掲げて家庭に示す意義は薄れ、不適当になった。こういうことでは、なかったたか。

実践スローガン化

それを思わせるのが、植田国民学校の通信箋に掲載された校訓だ。表現の性質が大きく変わった。一九三五年（昭和一〇）度から前年度までは、児童信条というタイトルで掲載されてきた。そしておもな条目は、すでにみたとおり、忠孝・協同・忍耐・愛護・修徳だった。それが、次のようになった。

実践訓

一、何事も真剣にやれ
一、身体を丈夫に鍛えよ
一、何事にも進んで励め

これは行動の発揮を促そうという、端的なスローガンだ。これを積極的に求めなければならない状況が、日本社会のなかに生じていた。日中戦争は長期化していた。そのために兵員や労務者の不足をまねいた。

この解決策は、いっぽうに、生めよ増やせよに象徴される人的資源の量的補充を求めた。またいっぽうに、質的向上として、いっそうの頑健さとともに、戦いにあきた厭戦《えんせん》気分や精神的弛緩《しかん》からくるマンネリ化した態度の克服を求めた。

それが子どもにまで、不真面目・虚弱・無気力克服の呼びかけとなり、対応する真剣・丈夫・進んで、の訴えとなった。戦争遂行には、前年までの教育勅語遵法《じゅんぽう》の修身より一歩でて、なによりも行動を発揮することが、上位に選択されなければならなかった。

だが、これは皇国の道に則《のっと》る国民学校の指導方法、錬成の強調でもある。そう捉えると、もはや植田国民学校固有の校訓という意義は失せる。国家を総動員した戦争遂行は、独自性をもった校訓の公開を消失させた。

国民学校はじめての経営方針

最初の学校経営案

植田国民学校が発足し、はじめての職員会（会議）が四月一〇日もしくは一一日に開催された。校長は引きつづき高橋才吉だ。その席上には、会議資料としてまえに紹介した「昭和十六年度植田国民学校経営方針　第一回職員会」が配布された。二枚のプリントからなっている。

一枚めが「教師方面」、そして二枚めは「児童教育方針」というタイトルだ。これによって、小学校から新制度に変わったばかりの国民学校が、どんな学校経営を目論んだかが分かる。前節では、通信箋への校訓掲載のことに触れた。それとの関係もあるから、ここでは二枚めの「児童教育方針」のほうから取りあげよう。

たしかに通信箋への校訓掲載は、この一年かぎりだ。しかし掲載＝公開されないが、校訓は学校内部で論じられる。それが含まれる学校経営案は、引きつづいて毎年度作成された。ただし、その全部がいまに残っているわけではない。だが、残ったものによって、毎年のように変化があったことを、われわれに知らせてくれる。ほんとうは、父母にこそ知らせるべきであったのだが。

うえの文書は、国民学校となってはじめての、時期的には太平洋戦争直前のものだ。

立派に御奉公のできる人

第一回職員会で配布されたプリントのうち「児童教育方針」では、冒頭に「一、国民学校の目的」として、次の文章が書かれている。

良い子供となって、立派に御奉公の出来る人となること――心の光を増す（校旗・校訓中心に、強く正しく清く）

かっこのなかに「校旗・校訓中心に」とある。しかし、この校訓の内容は旧児童信条なのか、通信箋に掲載された実践訓なのか、それともこの文書の目的につづく文章から選べる実践項目なのか、選択可能なものがおおくて断定はできないが、最後者のように思える。旧児童信条とスタイルが似ているからだ。

服従心を高く掲げる

目的につづくその実践項目は、三つからなっている。すなわち立派にご奉公のできる人とは、それを項の見出しで捉えると、二番めの「工夫創造心の触発」から工夫創造心をもった人、三番めから「心身の修練」のできた人となる。これは納得がいく。問題は第一項で、この表現にはおどろく。服従心をもった人と、最初に強調されているのだ。この項目の全文を掲げてみる。

1　服従心を強調して、これが（ママ）実を迫る（実践事項は簡単なる児童日常生活事実から）

イ　規律……時間厳守・登校下校時・始業終業時・左側通行・三十秒停止・集合解散

ロ　清潔……各児童の心身・教室の環境・校舎内外の清潔整頓

ハ　礼儀……奉安殿に対して・教師に対して・長上に対して・言葉遣い等

ニ　勤労……奉仕作業・農業実習（生産拡充に協力）・勤労奉仕の挺身《ていしん》隊

ホ　その他

かつて訓練綱領において、至誠が中心に置かれた。いま、ちょうどその位置に服従心が取ってかわった。そしてその実践事項が、規律（守る）・清潔（保つ）・礼儀（正しく）・勤労（励む）という機能だ。こうみると、これが校訓に相当すると捉えることができる。

なお、これは服従心の肯定的使用だ。このような用法に影響を与えたのは、この学校で継続研究中の『国体の本義』ではないかと推察して、通読してみた。ところが、この本では忠君愛国論に関係して、「天皇と臣民との関係を、単に支配服従・権利義務の如き相対的関係と解する思想は、個人主義的思考に立脚して、すべてのものを対等な人格関係と見る合理主義的考え方である」と、服従は否定的に用いられている。すくなくとも『国体の本義』研究からの直接の引用とは認めがたい。

次年度の文章によれば、服従心とは絶対帰一すなわち忠だ。これなら話が通じる。「校旗・校訓中心に」とあるが、どうして校旗が重視されるのか。すこし説明が必要だ。

校旗と皇国の道

この学校の校旗は、一九三八年（昭和一三）当時紀元節の二月一一日に樹立式を行った。その購入経費として、村民一般・児童・高等科農業部の作物販売収入・職員からの寄付など合計一一一円一二銭を集めた。そしてそのうちの六五円をもって特製した。

当時の校長柿崎は、樹立式で校旗の紋章について、次の訓話をしている。

思うに鏡は私心を持つことなく、常に明朗であることを考えますと、正直の徳を意味し、玉は温和慈悲を示し、剣は善悪の判断すなわち明知を現わすものであります。

さらに大にしては鏡は太陽の体、玉は月の精、剣は星の気を意味するもので、わが皇運の無窮の発展を示すもので、地色の紫の忠烈義勇と相待って、よりよい日本人を現わしているのであります。

加うるに本村は農村なるがゆえに、黄金色の稲穂にて包み、これをまた赤色の紐で堅く束ねたるは、将来の発展を示すものである。私共は校旗の意味を体し、益々奮闘努力すべきであります。（記録簿『校旗樹立』）

この訓話の国粋主義的基調が、あますところなく児童教育方針の「心の光を増す」と校旗との関係を示している。この日、さっそく旗手と副旗手とが任命され、「愛国行進を行い、古四王神社に参拝」したことは、すでに述べたとおりだ。校旗は、植田校の「皇運の無窮の発展を示す」御奉公のシンボルとしてひるがえった。

三十秒停止と精神主義

規律の項目における、左側通行の次に三十秒停止とあるので、交通安全のルールかと間違いそうだ。いったい三十秒停止とはなんだろうか。これは行《ぎょう》の教育の一形態だ。

一九四一年（昭和一六）一二月の職員会議資料に添付されたものに、「学級常会話合事項」という記録がある。このなかで「停止鈴（令）」に触れた高等科二年女子組の記録がある。

○停止令について
・目をつぶるばかりで無く手足を動かさぬ
・停止令の時は頭を下げ、決心を持つように
・停止令後話をしないこと
・人にあがられても（注—足を踏まれても）許してやり無言で歩く

当時の教師から話を聞くと、午前の始業時あるいは午後の清掃時に、合図令（この時点ではサイレン）が鳴ると、児童たちはただちにその場に停止し、直立して黙想にはいる。三〇秒後に解除の合図があって、席につくあるいは作業に取りかかる。この目的は、次の行動に取りかかる心構えを用意する精神修養にある。まさしく全国的にみられた行の教育のひとつだ。

ただ、この実践がいつ導入されたのか不明だったし、そのおわりも「間もなく」というあいまいさだ。というのは、日米開戦のあとには、国民すべてに機敏な行動が求められたために、終結したといわれる。しかし秋田県鵜木《うのき》国民学校では、一九四四年（昭和一九）四月の「必勝生活訓」のなかに、依然として「一斉黙働／鈴がなったら直立停止　一鈴／

黙働準備　班別整列指示　二鈴／黙働「無言無音」　床光れば心も光る／整列　反省　ごくろうさま」をいれている。ここには、なお停止鈴が生きている（『秋田県教育史　第三巻』）。

太平洋戦争開戦直後の国民学校

記録には興奮なし

植田国民学校の一九四一年（昭和一六）最後の職員会議は、一二月四日だった。うえに述べた停止鈴など、教師と児童との行の教育を主とする修練についてほかが協議された。よもや四日後に、日本海軍によるハワイ奇襲があろうとは、当然ながら、予想すべくもなかった。

文書として残った記録では、日米開戦のあとの最初の職員会議は、年が明けた一九四二年（昭和一七）一月一二日の定例会だ。この日は、資料として「職員会案件　一、十二」が配布された。このプリントには「学校長のお話」という表現がある。「お話」などとは、校長本人は書くまい。だから校長の執筆ではないが、この一枚のプリント作成者が、あらかじめ校長と打合わせて、内容の項目を決めたようにうかがわれる。その全文は、次のとおりだ。

一　学校長のお話
　第三学期の努力点
　1　校舎内の清潔整頓の徹底／2　学習心の触発と学用品の愛護／3　貯金の奨励と勤労作業（藁工品作業）（一万円目標）／4　従来の訓練目標の強化徹底／5　その他
二　協議
　1　教科書進度／2　明年度努力事項／3　職業指導／4　勤労作業（実子縄綯《みごなわな》い競技会）／5　体錬賞授与方法について／6　戦時下学校営為について(行事)／7　冬休の少年団指導／8　読書費の運用／9　特別賞選定に関して／10　青年団貯蓄組合に関して／11　来年度予算に関して／12　昇給者の寄附に関して
三　反省
　1　映写会について／2　通信簔記入事項について／3　全校考査

全文をあげたのは、このビジネスライクな項目の列挙に戸惑うからだ。日米開戦は、当時大東亜《だいとうあ》戦争といわれた。この呼称の片鱗も表示されていない。協議の6号「戦時下学校営為について（行事）」では、これまで毎月一日の興亜奉公日《こうあほうこうび》が、八日の大詔奉戴日《たいしょうほうたいび》に変った対策も触れられただろう。しかしこれだけでは、世界大戦がひき起され、相つぐ勝利が発表されているのに、その興奮はついに感じられない。

児童のもった不安

興奮という感情を取りあげたのは、そのときの著者自身には理性以上のものが体験されたからだ。一九四一年（昭和一六）一二月八日、著者はこれを国民学校初等科六年生で迎えた。

開戦をつげるラジオのニュースを聞いて、まっさきに浮かんだのは、地理で教わった知識（理性）だった。「あの世界一の富をもつアメリカに勝てるんだろうか？」と、それはつよい不安（感情）を呼び起こした。真珠湾の大戦果が刻々と報道されたプロセスでも、しばらくのあいだこの危惧《きぐ》は消えなかった。

これは正確な判断だ。その少年が、理性的思考力を失い、神州不滅・必勝を確信する優等的軍国少年に変身するのは、年が明けたころからだ。教師たちの有頂天《うちょうてん》の話しぶりが主となり、もはや科学的な国勢の比較を聞くことはなかった。

そして、中学校に入って、精神主義に磨きがかけられた。この背景には、子どもたちを煽《あお》った教師たちの姿があった。

だが、植田国民学校の記録でみれば、「従来の訓練目標の強化徹底」だ。文書から感じられるのは、模様見だ。なにか腑《ふ》に落ちない憤《いきどお》りが湧いてくる。

戦時学校営為の体制づくり

子どもの目にも腑に落ちなく見える、戦争の行く末についての戸惑いや消極性を、行政当局は黙認しなかった。さっそく積極的な体制づくりを学校に求めた。

あの国民精神総動員運動の開始のとき、県はまず教育綱領を発し、つづいてそれに基づく学校経営方針を書かせた。それと同じ手法が用いられた。「戦時学校営為」を各校から提出させたのだ。

植田国民学校からの文書の内容は、半罫《けいし》紙判の学校用箋四ページにわたって、書かれている。これもまた、一月一二日の職員会議協議案件6号「戦時下学校営為について（行事）」の付属文書だ。ペン書きということは、まだ全員配布にいたらなかったが、要点が披露されたのだ。校長名の承認印があるから、別人が起案している。当局の指示した様式に応じて、当該校の実践営為を記載している。

これは、太平洋戦争開始期の国民学校が、全体としてはどんな点に留意して、学校経営をしたらよいかの、当局の求めを示すものだ。注釈を挿入しながら紹介していこう。

戦時学校営為

一、宣戦の大詔奉戴に付いて

1　励精職務に奉行（ママ）

2　聖戦の目的と使命の会得《えとく》

実践営為

1　学校行事、団体訓練時・行事教育・掃除・講話、その他

2　学級行事、各教科授業時等において

3　家庭における手伝い

英霊に感謝し　尽忠報国を

この出だしの文章のなかの行事教育とは、今日なら特別活動のなかの一領域だ。たまたま植田国民学校で行ったものについて、一九四一年（昭和一六）度の『教務綴』中にプリント四枚だけ残っている。その標題は次のとおりである。

行事教育第六課　三区体育会　七月一一日

行事教育第七課　少年分団指導　七月二三日

行事教育第八課　満洲事変十周年記念日、航空日　九月一八日

行事教育第九課　靖国神社臨時大祭　一〇月一八日

内容は、それぞれに要旨、指導目標、教材、実施要項、参考事項が盛ってある。たとえば第九課では、大祭は一五日からはじまり、この一八日には天皇・皇后の参拝がある。植田校は、この日を「英霊墓地清掃―登校前、午前七時半より分団単位」と「遥拝式―午前十時」および「お墓参拝―午前十一時　学年単位」という実施にあてている。

そして要旨では、「臣下にして神に祀《まつ》られ、畏《かしこ》くも　天皇皇后両陛下の御親拝を辱《かたじけの》うするの光栄に感激せしめ、靖国神社の意義を理解せしむると共に、護国の英霊に感謝の誠を捧げ、尽忠報国の信念を啓培する」との目的が述べられる。

そして指導目標を、「本村出身の合祀《ごうし》者を知悉《ちしつ》させる」に置いている。また教材については、「関係教材を記入して下さい」と、各担任教師に授業との関連づけを望んで、任せている。

剛健なる身体と必勝敢闘精神力の鍛練

戦時学校営為の本文は、次に学校の重点的な指導眼目を述べる。なお、戦時訓練についての第一号にあげられた国防業務の補助は、植田には該当事項がない。だから未記載だ。

二、戦時学校教育方針について　――

1　剛健なる身体・必勝敢闘精神力の鍛練養成
2　団体的訓練
3　国防・財政経済の遂行と教養
4　授業の継続について
　県の指示による

三、戦時訓練について
1　国防業務の補助
2　増産
3　労務の補給

1　体操時間・競遊時、耐寒耐暑の訓練、武道、衛生（衣・食・健康法その他）
2　学校・学級の団体行動は組織的に（体操、朝会、登校、掃除、廊下の歩き方等その他）
3　軍需方面の協力（工場）・増産（農業）・日用品―学用品の取扱・貯金励行・各教科により、その他
1
2　農業（稲・豆・野菜等の増植・落穂《おちぼ》拾い、少年団活動等）
3　青校・国民学校高学年・職業基礎的指導、就職

実状にあわぬ防空対策

つづく防空対策関係は、これまでまったく経験のないことだ。奉護や警防は、戦禍と関係なく、これまでも対策のあったものだ。しかし、経験のない防空関係は、実状にあわない。

四、学校警防に付いて

1　御真影・勅語謄本・詔書謄本の奉護

2　学校警防（児童保護、消火）

3　学校警防（中等学校以上）

4　学校始業時刻前の空襲

○授業中の空襲

○在宅中の空襲

○登校、帰宅中の空襲

1　宿直の厳守・奉遷場所は役場、古四王神社、鎖ノ（ママ）

2　非常訓練

4　職員出勤・児童は不登校…解除と共に登校

避難・帰宅―適当の措置

学校警防に任ずべき児童の登校　？

（通学班）少年団を小班に分けて

避難場所の予定＝各部落通路（部落担任にて）

5　秋田市附近
6　空襲に対する覚悟　　6　沈着・冷静・勇敢
7　薬品等危険物の処理　　7　理科薬品の整理

児童は、学校近辺の者ばかりではない。かなり遠方（最長通学距離二七一〇メートル）のものを、警報で帰し、解除で再登校させることは、事実上困難だ。秋田市での実際だが、明徳国民学校に一九四五年（昭和二〇）四月入学した高橋弘喜の証言では、空襲警報で低学年生は帰宅し、上級生は防空壕への退避だった。空襲警報のもとで、幼い一年生が帰宅して行くことが、いかに無謀だったかを、かれは憤《いきどお》りをこめて語っている。

植田国民学校におけるうえの対策は、机上プランだ。

学校明け渡しも覚悟して

むすびは学校を公共の用へと提供することと、教職員の勤務関係だ。前者は、兵営・工場・避難所などへの転用を予測している。一部の明け渡しならば、学級編成の規模を過大にしたり、二部授業で対処可能というわけだ。

五、校舎校地等の提供に付いて　　1　体操場・新校舎
　定員数を超えるも妨げず　　2　合併授業・二部授業

六、教職員の勤務に付いて
1　緊急事態に出勤対処出来るように
2　学校内外の事務、施設の簡易化
3　未整理の校務の処理
4　職員勤ム《ママ》の厳守
　不時呼集に応ずるよう

1　住所を明かにすること（家族にも）
　住所・電話番号
2　事務、行事の整理
3　各事ム《ママ》部において学期末まで
4　日直、夜直ノ《ママ》

　これが日米開戦一か月後の時点で、当局の求めに応じて提出するための、学校経営上の方針報告書の原案だ。たんたんとした筆致だ。もっとも、新味が空襲への対策では、景気のいい話ではない。

　このような国防への対処を、文書のうえであれ、認知させられた教師たちとすれば、かれらのあいだに不安や戸惑いが、児童たちとは違った形で発生していただろう。「備えあれば、憂いなし」というが、日華事変期とはまったく相違した備えを必要とする観念をもたざるをえない、新しい戦争のはじまりだった。

戦勝高揚のなかで

魂の教育・躾の教育

一九四二年（昭和一七）のはじめは、一月にマニラ占領、二月にシンガポールを陥落させ占領、そして三月にはジャワ島の制圧とつづく。緒戦の勝利の報があいついだ。戦場は日本より遠く、備えをさせられた空襲もなく、ここにおいてようやく戦勝の気分が高揚してきた。

年のはじめの職員会議資料を、自らの原案で作れなかった高橋才吉校長だったが、新年度を迎えるやその分をも補うような、確信に満ちた見解を「植田国民学校経営案」のなかに書いている。これは、一九四二年（昭和一七）度第一回職員会議で口述するための原稿（学校用箋九枚にペン書き）と推定できるものだ。次はまえがきの出だしである。

皇民錬成は日本教育の根本理念で、古今東西を通じて変わらない。最高絶対の目的であると思う。

即ち「天皇《すめらみこと》の弥栄《いやさか》」を念じ「天皇をして愈々《いよいよ》天皇たらしめる」至誠力行の皇国民を錬成する事が、教育上永遠の真理であると堅く信ずる。

かれに、こうまでも確信をもっていわせたものは、いったいなんだろうか。明らかに『国体の本義』の調子だ。継続したというその研究が、ここに結実したのだろう。だが同時に、上記の戦勝の原因を、物理的に考えず精神的に捉えた情勢分析の反映、といったら過言だろうか。というのは、こういう精神主義の基調で、この文章はつづいていく。

皇民錬成とは、皇民たるの自覚の上に強健なる心身の錬成以外にあり得ない。これが実践の方法は色々あるべきであると思うが、時と場、教育対象を充分研究調査の上国家要請に即応して万全を期すべきである。しかしてこれが教育的効果をより大ならしむるためには、結局は教育者そのものの旺盛なる指導精神と、自分の身をもって指導することに大体尽きるようである。

口先ばかりの知識の切売や命令の仕放《しっぱなし》は欧米流の教育の仕方で、日本の教育は魂の教育、躾《しつけ》の教育が根本であることは、特徴であるからである。

ゆえに本校では、特に教師自身の修練、教員室の雰囲気を教育の出発点としている。

魂の教育、躾の教育を根本として、教師自らの修練を出発点とする方針は、本文において次のように述べられる。口述用の原稿のため、話の素材がメモされている。

聖旨を心に銘じ実践垂範

一、先ず教師

1　朕《ちん》爾《なんじ》臣民と倶《とも》に拳拳服膺《けんけんふくよう》して咸《みな》其の徳を一《いつ》にせんことを庶幾《こいねが》う

2　朕自身骨を労し、心志を苦しめ、艱難《かんなん》の先に立つ古烈祖（注—勲功の高い祖先）

——

聖旨ならびに名将の言行を深く心に銘じ、実践垂範誓って聖旨（小学校教員に賜りたる勅語）に応え奉らんことこそ、我等初等教育者の使命ではなかろうか。

3　入城式よりも慰霊祭

知者非知成行　行者非行成知

改めて聖旨、すなわち一九三四年（昭和九）の全国小学校教員精神作興《さっこう》大会のおりの勅語遵奉、教育報国路線の強調だ。戦勝は、これまでの皇国の道教育が誤りでなかった証明として、受けとめられた。超大国米英、なにするものぞ。迷いをふっ切っている。

児童には絶対帰一を　では、児童のほうにはなにを求めようとしたのか。本文の「二、児童には」では、次の指導方針が明記されている。国民学校はじめての経営方針に掲げられた服従心や、位置づけがあいまいとなった校訓が、ここで明瞭となる。

1　服従心（絶対帰一を目標に）の養成
先ず教師自身を慎《つつし》め、命令は簡にして要
思いつきを出すな（無駄あり）威あって猛《たけ》からず。
訓練事項を継続すること。強烈なる信頼こそ真の教育なり。
校訓、級訓を日常化して平易にして訓練目標とす。
　校訓、級訓の日常化
　誠　実　心の光をますように
　　規律　きまりよくせよ
　　清潔　れいぎ正しくせよ（ママ）
　　礼儀　きれいずきにせよ
　実　践　やりとおせ

初五以上

服従心とは絶対帰一、すなわち天皇のことばの遵守、つまり忠である。とすると、ここには一つ見落とせないことが生じた。「心の光をますように」に対応することばだ。以前の修徳ではない。なんと誠実とされた点だ。

校訓に至誠復活

あとで述べる一九四四年（昭和一九）度経営方針の一節にも「児童訓の実践　一　至誠」とある。このことばは、教育勅語の徳目外の、まえに述べたところでは二宮金次郎（尊徳）のものの系譜だ。尊徳的篤農（個人）形成の理想として、陰日向《かげひなた》なく働こう、という意義をもっていた。

ところがここでは、用いられる意義が相違する。至って誠実に忠義を尽くそう（皇民形成）というのでなければ、時代に即しない。尊徳は体制存続に組みした人だ。そのせいか、かれのことばは、ご都合主義的に転用されてしまう。

このころは、学校を含めて世情の荒廃が目立ってきている。とくにことばの空洞化＝わるい意味での要領のよさを克服する必要があった。教師に、口先だけでない実践垂範を求めた高橋校長だ。かれが校訓に至誠を復活させた、これが背景となる。

児童の指導方針として、もう一つがあげられた。うえの方針と対比してみると、われわれには矛盾を感じるものだ。さっそく引用する。

自発自治精神の涵養

2　創造

研究工夫創意創作の啓培、環境の構成

自発自治精神の涵養《かんよう》

いったい創造とか自発自治が、服従心と並立し、そのなかで生まれるのか。こういう疑問は今日ではもっともだ。しかし国民学校制度のなかには、「科学・技術戦争としての近代戦を遂行するには」理数科を通じての「合理創造の精神」、同科算数での「数理思想」、さらには同科理科での「科学的精神」といった「教育を重視せざるをえず、『進んで、新しいものを工夫し創造しようとする態度を養成』しなければならなかった。そのためには、必然的に児童の興味、発達段階、環境などに着目するという合理的・近代的な教育方法への配慮」が含まれ、主張されていた（『日本近代教育百年史　第一巻』）。

形のうえでは、それが植田国民学校の経営案にも反映したのだ。

各教科の展開

つづいて経営案の文章は、上記の教師の態度や児童指導方針が、各教科等においていかに展開すべきかに進む。六項目あるが、そのなかから三つを選び、体錬科・芸能科・実業科については省略する。

皇民としての資質啓培の施設

一、国民科　国民精神を体認し、国体に対する信念を有し、皇国の使命に自覚を有すること。

職員朝会（小学校教員に賜りたる勅語に対する誓）、大仏会《え》（彼岸会二回、涅槃《ねはん》会、成仏会、花祭、盆）、大詔奉戴日、時局講話、入修報告祭、錬成講習会（初六以上夏季二泊三日）

二、理数科　日進の科学につき一通り認識を有し、生活を数理的科学的に処理し創造し、以《もっ》て国運の進展に貢献し得ること。

昆虫採集、継続的観察、動物飼育、創作品展覧会、グライダー飛翔大会、珠算競技会

六、作業訓練　作業訓練を通じて行《ぎょう》的修練を積み、物心一如学業致の喜びを体験すること。

勤労奉仕作業（耕云《（ママ）》、挿秧《そうおう》、除草、稲刈（稲刈競技会）、実子縄《みごなわ》競技会、神社掃除、道路掃除、清浄作業）

このなかの入修報告祭が入学や卒業・修了の日の神前報告の儀式、そして挿秧は田植えである。錬成講習会については、次の章で触れる。

以上に掲げた一般的方針を踏まえたうえで、この年度の重点事項が、改めて「十七年度努力事項」として列挙され、しめくくりとなる。経過や実践の内容がうかがわれる。

一九四二年度の努力目標

1　校訓の貫徹

規律・清潔・礼儀の三項目は、数年来週番の努力事項として継続実践を強調し、然れども未だ充分ならず。国民学校実施以来、特に訓練を重視し、毎週訓練会（金曜日放課後三十分）において計画し、反省し、月一回の定期職員会に協議懇談を重ね、更に職員朝会においてその日の注意を促し、倶《とも》に至誠一貫実践躬行《きゅうこう》、これが徹底を期して校風の作興を図る。

2　少年団指導

月一回分団長常会、部落担任朝登校指導、分団常会、部落指導（月一回放課後）神社境内掃除参拝指導、大詔奉戴日の朝指導。

3　作業訓練

今年は出征家族の耕地一町二段歩を実習田として積極的に国策に協力し、銃後援護、勤労愛好の集団訓練の一層強化を図る。

4　授業

重点主義（教えること、調べること、行わせること、反覆《はんぷく》すること）

5　教師の修養

前二ケ年は毎月一回「国体の本義」の研究を継続せり、本年は毎週木曜放課後、各部輪番に研究発表、実技練習をす。

おわりの教師の修養で、『国体の本義』研究に触れている。ここに「前二ケ年は毎月一回」とある。すでに紹介したように一九三九、四〇年（昭和一四、一五）度に研究会がある。引きつづき一九四一年（昭和一六）度の第三年目があり、いま第四年目に入ろうということを示している。

この年の国民学校における学校経営は、表現や内容にいっそうの極端な国家主義と戦時の対策を組み入れたが、それでも授業や教師の研究会など、学校らしさを展開しようとする余裕を、まだもっていた。

天皇の裁判

なにを罪とするのか

あらたに北方教育を主宰していた加藤周四郎が、一九四〇年（昭和一五）一一月二〇日検挙されたことは、まえに書いたとおりだ。だが、本人がその検挙理由をつげられたのは、じつに翌年四月一二日の夜になってからだ。

このときかれは、はじめて秋田県特別高等警察課（特高と略称された）松田嘉惣治警部補の取り調べをうけた。検挙された日の朝からこの日の夜まで、じつに四か月二旬ものあいだ、かれはなんの容疑事実もわからぬまま、ただ留置所に放って置かれたのだ。

三月に長兄が没した。しかし臨終も知らされず、葬儀にもでられなかった。外界と遮断されて、かれの精神の働きは弱まった。これを待っての取り調べの開始だ。

「生活綴方」「北方教育」「北方性教育運動」に対する治安維持法違反容疑であり、全国的検挙になっている、とつげられた。かれはいくぶん安心して、翌日同警部補あてに、生活主義教育について文書をつくって提出した。自分に、教え子に、仲間に、すべてに対して、かれはいささかのやましさがない。これはなにかの間違いだと確信していた。

一六日、三浦特高も加わり尋問。一七日、松田特高に調書を取られる。北方教育はプロレタリア教育と決めつけ、かれらの口述どおりの作成。おわりに反省・転向を誓っている。なんど「それは違う」と叫んでも、叱責されるだけで取りあげられなかった。

五月中旬のおりには、松田特高より「治安維持法が改正になり厳重取締となるので、この調書どおりいわんと、非転向として一生出獄できなくなるぞ」と、脅迫めいた注意をうけた。かれがいちいち「それは違う」というからだ。

雛形をもった取り調べ

七月二五日から八月五日、能代区裁判所で亀岡検事の取り調べ。おわって一〇日、秋田刑務所に未決拘留される。

「この調書どおりいわんと」とは、いったいどういうことか。特高も検事も、そしてこのあとに関わる予審判事も、かれらはタイプ印刷された用紙にしたがっていた。全国特別高等警察課長会議で配布された、生活主義教育運動の取り調べ調書の書式だ。

書式の内容は、ひとつは被疑者の経歴、組織・機関への加入、活動歴など、被疑者おのおのの実際について記載するものだ。もうひとつは、これらの事歴を治安維持法に違反するものとするために「コミンテルンおよび日本共産党の目的遂行のためにする行為をなしたるもの」と関係づけるものだ。

加藤には、まえの部分については、ありのままなんら隠すべきことがない。しかしあとのほうは、まったく身に覚えのないことで、これは否定した。たとえば、予審終結決定書（起訴状の内容に相当）から文章をとってみる。

かれは、「貧窮の家庭に生育して、つとに農村における窮迫せる現実生活に刺激せられたると、左翼文献を繙読《はんどく》したるとにより、昭和八年頃より共産主義思想を抱懐するに至り」について反論する。

「わたしの思想、やったことについては、ほとんど全部を文章にして、中央地方の雑誌に書いている。……どこに国体の変革、どこに私有財産否定、どこに日本共産党が出ているのか知らせてほしい」と主張する。

だが、松田特高からは「きみはシタタカな指導者だ。悪いとは思わないのか」と怒鳴られるといった調子である。

密室のなかの公判

一九四一年（昭和一六）一〇月三一日、起訴。これに伴って、身分の秋田県属は休職となる。収入は休職手当のみとなった。起訴をうけて公判の準備がはじまった。当時は予審といって、事件を公判に付すべきか否かを決定する公判まえの裁判官による非公開の手続きがある。

担当予審判事は西口権四郎、かれからの第一回めの尋問は一二月二三日だ。このあいだに太平洋戦争がはじまっていた。第二回めは翌四二年（昭和一七）二月、第三回めは一一月となり、このあと第六回めまでは比較的集中的にすすめられた。最終回となる第七回めは、いつしかほぼ一年を過ぎ、検挙からは二年余を経過した、一二月一四日となっていた。

ついに公判は、一九四三年（昭和一八）二月二六日の開始となった。秋田地方裁判所の法廷には、菊花の紋章を背にして斎藤允裁判長ほか二判事がならび、書記がひかえ、中村誠一検事の立ち会い、いっぽう被告席には加藤、そして加藤定蔵および和田吉三郎弁護士が出頭した。　第一回公判調書によれば、裁判長は加藤に「氏名年令（ママ）、職業住所、本籍及び出生地」を尋ねたあと、「裁判長は合議の上、安寧《あんねい》秩序を害する虞《おそれ》あるものと認むるをもって、公開を停《と》むる旨宣し、公衆を退廷せしめたり」と、家族、親戚・縁者たちわずかな人びとを排除した。ここから密室裁判だ。

傍聴人がいなくなって、検事から「予審終結決定書記載の通り、被告事件を陳述し」ての論告がなされた。裁判長の質問に、加藤はこれをきっぱりと否認した。

三月二九日の第二回公判では、裁判長の尋問に対する加藤の回答という核心部分となった。そしておわりに、検事の「被告人を懲役四年に処するを相当とする」との求刑があった。

三位一体の法廷

三日のあいだをおいて、四月二日に第三回公判。この日は弁護士の弁論、最終弁論があてられた。まず和田弁護士は、次のような主旨の弁論を述べた。

被告人の自白は証拠に合致しない虚偽の自白であり、共産主義の信奉はなく、国体変革または私有財産制度の否認を目的とする結社の目的遂行行為ではない。「被告人の本件行為を判断せらるるには、その当時の教育界の思弁をもって評価判断せられたく、この点篤《とく》とご考慮のうえ恩情あるご判決ありたき」と、これは加藤の納得のいく弁論だ。

ところが、かれの怒りをかいそうなのが、次の加藤定蔵弁護士の弁論だ。被告人が予審において、公訴事実をあるときは認め、あるときは否認しているが、これはつまり「被告人に一貫したる信念なきため……、被告人は初等教育に携《たずさ》わる者として、君民一体のわが国体ならびに日本精神に対する意識の足らざりしものにして、この点はなはだ遺憾なり」と、起訴事実におもねったうえで「この点ならびに被告人が相当長期間、未決に拘留せられおる点等をご斟酌《しんしゃく》のうえ、なにとぞご同情あるご裁判賜りたき」と願う。情状斟酌の余地から、執行猶予つきをえようとするものだ。しかし加藤周四郎の意に反している。

かれは、裁判長から「この非常時になにをいうか」と、反論を押さえつけられている。こうなると法廷は、真実を明らかにする場ではなく、検事・判事・弁護士の三者が意を通じあって、既定の筋書きどおりに進められた、としかいいようがない。

一九四三年（昭和一八）四月二六日の判決公判は、かれに懲役二年の実刑判決をくだした。

大審院の勝利

この瞬間から、かれのあらたな法廷闘争がはじまった。保釈の手続きをとり、拘留がとけた。五月、かれは上京し、伊藤清を弁護士に選んだ。そしてかれと打ち合わせながら、二か月かかって上告趣意書をみずから執筆作成した。それはB４判の全罫紙《けいし》一五二枚以上、原稿用紙に換算すれば一七〇枚以上になる文章だ。これを一九四三年（昭和一八）七月一〇日、大審院に提出した。

大審院は、八月一九日、「原判決を破棄す。本件を宮城控訴院に移送す」と判決した。

この理由は「記録を精査し証拠物につき検討するに、原判決認定にかかる治安維持法……違犯事実は、重大なる誤認あることを疑うに足るべき顕著なる事由ありとみとむ」だった。

やりなおし裁判

加藤が上京して払った努力は報いられた。しかし、内容はやりなおし裁判となったのだ。秋、かれは秋田を引き払い、福島県石川郡母畑《ぼばた》村（現在石川町）のジルコン開発会社に職をえた。家計と裁判費用の調達ができた。

数回の公判では、検事側から証拠物件として、すでに有罪に服している各県の綴方教師たちの、大量の調書が提出された。

かれは、それらは事実と違う、と主張するが、その虚偽をいちいち証拠を示して証明することは、物理的に不可能だった。うその自白調書でも、それのみによって有罪の証拠物件とすることのできた戦前の刑事訴訟法体制を、ついに覆《くつがえ》せなかった。

一九四四年（昭和一九）七月一〇日の判決は「懲役二年、執行猶予四年」だった。再上告を希望した加藤に、伊藤弁護士は、あたらしい証拠の収集不可能を説き、また戦局の険悪さをも考慮しないといけないと、説得した。

真実を内容としない判決に、加藤はしたがわざるをえなかった。かれは自著のなかで、「私の孤独なたたかいは敗北して終わった」と書いている（『わが北方教育の道』）。

教育の玉砕

決戦教育の末路

戦局退潮とともに

詳述された経営案

緒戦の勝利はまったく一時的なものだった。一九四二年（昭和一七）六月には、ミッドウェー海戦で手痛い敗北を喫した。そのあとの日本には、最終的な勝利の目はなかった。しかしその事実も将来の見通しについても、国民の耳目には真実は隠され、秘められたままだった。

植田国民学校長は、一九四三年（昭和一八）三月三一日付をもって、五二歳になった高橋才吉から、三九歳のわかい黒沢熊吉へ更迭《こうてつ》した。新校長は翌年度、『昭和十九年度学校経営諸方針に関する職員会議案　四、十一』を書いている。粗末な仙花紙四枚にプリントしたものだ。それは、いままでにない詳しい記述になっている。

もちろん平時と違って戦時下では、教科の指導だけではなく、軍人援護・労務動員体制の整備などにも触れなければならないから、経営方針の領域は多角的になる。加えて『日本近代教育百年史　第五巻』のなかで、「校内秩序の再補強と学校運営方式の構造化・細密化」と指摘された方向へと、植田国民学校も例外なく進んでいたのだ。

これはどういうことか。すでに指摘している教員の質的低下が、まぎれもなく一因だ。校長と部下教員とのあいだに、旧来の「ツウ、カア」が通じなくなった。だから管理上の対策として、こと細かく学校の機能を書き出しておく必要があった。

また外からの学校を統制する圧力が高まった。行政は、学校がどのように戦争遂行に参加すべきか、その方針書を、官僚的熱意からできるだけ詳細な報告書に作って提出するように求めた。この実際については、すでに見てきたところだ。

法規強調の学校経営

一九四四年（昭和一九）度の学校経営に関する職員会議案の一章は、法的基礎の提示だ。これについては、全国的な「法規強調の学校経営論の復活」の現れだといわれる（『日本近代教育百年史　第五巻』）。

一、経営の法的基礎――国民学校令第一条

「国民学校は皇国の道に則《のつと》りて初等普通教育を施し国民の基礎的錬成をなすを以

て目的とす」
○「皇国の道に則りて」……教育の原則を示す（斯《こ》の道）
○「普通教育を施し」……教育の内容を示す（国家性、民族性の根基）
○「錬成」……教育の方法を示す（体力、思想、感情、意思等全能力の錬成）

師範学校では、学校管理が教育学・教育史とともに必修教科だ。師範出なら、この法令は、教育学なり学校管理でかならず学んだ内容だ。しかし、かれらの補充はほとんどない。目のまえの助教たちは、中学校や女学校の出身だ。校長は、国民学校関係法規のイロハのイから、教えなければならなかった。

そして校長としても、かれらが手前勝手な教育に走らず、法規の枠のなかの指導をすることこそ、望むところだった。

師道の確立　つづいて「経営方針の根基」という二章となる。ここでは児童の指導方針と教職員の姿勢・態度が述べられる。そして師道の確立とか職員訓とか、見慣れない新しい表現がある。

○　校訓→○級訓
○　児童に対する錬成精神　（一）至誠　（二）厳正　（三）徹底」

○職員の錬成信条　(一) 信義　(二) 和敬　(三) 励行 ─→師道の確立
○職員訓の実践
○児童訓の実践　(一) 至誠　(二) 遵奉　(三) 節義
○児童誓詞《せいし》　(四) 敢行　(五) 必勝 ─→忠誠心

前校長は、教師たちに「正しい教育理念と実践が第一」と呼びかけた。ところが若い黒沢校長は「師道の確立」と、古めかしいことばを使って、教師の自覚を求めている。あるいは「良い子供となって立派に御奉公」という服従心は、ストレートに「忠誠心」として、児童に求めた。これは解りやすい。訓づくし、敢行や必勝とシヴィアだ。

自由主義の撃滅　この年の経営案は、このあと、本年度経営の努力点・施設経営に関する事項・職員に関する事項と計五章となる。そして各章ともに詳細な記述だ。そこでそのなかから、三章の本年度経営の努力点のうち、二つの節を取り上げ紹介する。

まず、一節は「精神訓練の徹底」という見出しで、次のように列挙された。

1　日本精神の徹底的錬成と日本的教養の錬成

○武士道的訓練　○軍人精神の体認実践（△自由主義の撃滅）　○日本的教養趣味の錬成施設と同教科目教材の重視

2　不撓不屈《ふとうふくつ》の敢闘気魄《きはく》の錬成

○至誠尽忠　○職分奉公　○必勝の信念

3　大国民たるの信念と風格の育成

○生活訓練の重視　○規律礼節を尚《たっと》び　○国風並びに郷土愛護の精神　○常識の涵《かん》養《よう》　○責任を重んずる態度

この文章の特徴は、日本という表現をくりかえし用い、日本の特殊性を強調する。その対極に、自由主義の撃滅をうたい、欧米主義を排斥する。そして必勝の信念を徹底的に頭に注《そそ》ぎこむ。このころになると、だれの目にも敗局が見えてきていた。そのなかでなお戦争をつづけていくのだ。不撓不屈の敢闘気魄＝負けん気の強がりなしには、もはややっていけない。これらは、時局の総力戦体制に陰《かげ》りを生じてきた反映だ。

大東亜共栄圏の盟主

そして3項でいう大国民とは、大東亜《だいとうあ》共栄圏を確立し、その盟主に相応しい日本国民の意味だ。そのような国際人の形成にあたるのだから、本来ならば今日の学校でいわれている「国際化」の用語に対応するものがなければならないが、それは欠けている。

その代わりに、信念とか風格とかの観念的な内容だ。あるいは国風や郷土愛護の精神だ。相手とするほかの民族を理解しようとする内容がない。中等教育では、敵性言語という捉え方から英語教育が軽視されたが、初等教育でも国際的に通じる開放性はない。あまりに日本的な、閉鎖的な民族主義の徹底ではないか。

期末試験は学級査閲

3節は「学力の向上と学習訓練の徹底」だ。ここに列挙されたものは、前年度あたりから、きわめて実施が困難となってきていた。それにしても、これが2節の「増産と貯蓄の強化」のあとに置かれたことは、ついに学力向上が増産に席をゆずったのだ。次の各項が内容である。

1　重点主義教授の実践

○教材の軽重の研究（教科研究部）五月中旬まで完了　○指導上の力点研究（右同）

○授業の方法的反省改革（研究会の重点とす）

2　産業及び科学教育の重視

○教材の選択　○掲示教育と連関　○研究会

○工夫創作の重視〔工夫創作展覧会、二ケ月に一回　九月は全郡〕

3　文字書写力と計算力の重視

○書取練習〔自習時、家庭学習の必修　○書取帳〕　○珠算・暗算の重視〔競技会〕

4　学級査閲《さえつ》〔学期一回施行〕

○学力　○学習態度、躾《しつけ》等〔発表力、学用品の取扱〕　○体力〔体重〕

増産がさきにきて学力向上がそのあとになるとは、かつてない学校の役割の変化だ。児童の就労は、当然教科の学習時間を減少させる。そこで教材の間引き、今日では精選とでもいうことを、しなければならない。それが教材の軽重の研究だ。

また期末試験を学級査閲と、軍隊用語で表現するにいたったのも特徴の一つだ。

必勝教育を掲げる

皇国の興廃必勝教育にあり

黒沢校長は、一九四四年（昭和一九）度にはもう一つの学校経営方針書を書いている。その内容の一節からみて、同年後半になっての執筆だ。それが「学校経営要綱　植田国民学校」である。

前節の職員会議案を示した四月から、それほどの時間がたっているとはいえない。だが七月、アメリカ軍はサイパン島を占領、東条内閣は退き小磯内閣に更迭《こうてつ》している。

こういう状況の急変するなかで、学校の経営方針はよりいっそうの戦争遂行に向けて、児童の戦意高揚を計らねばならなかった。そのために四月とはおもむきが異なり、必勝教育が最前面にでてきた。文書は、ワラ半紙二枚半のプリントだ。

春の経営諸方針との質的な相違は、次の冒頭の表現からしても明らかだ。

一、学校経営方針　皇国の興廃《こうこくのこうはい》、繋《かか》って今日にあるとき必勝教育を確立するにあり。

二、必勝教育内容　戦力の増強、必勝一本の一途《いちず》に集中。

1　皇国の道に則《のっと》り承詔必謹《しょうしょうひっきん》、大東亜戦争の目的を確認し、大東亜の指導者たる素地に培《つちか》わんとす。

2　基礎的軍事教育を主体とし、兵・学・農一体の初等普通教育の錬成せんとす。

3　少年団指導と学校教育との表裏一体を計り、各種連絡団体の認識を深め、一億一心米英撃滅に邁進《まいしん》す。

三、必勝教育方法　基礎的錬成。重点主義。高度能率化。

四、指導者原理　陣頭指揮。率先垂範《そっせんすいはん》。

決戦教育体制へ　ついに「皇国の興廃」という切羽《せっぱ》詰まったことばがあらわれた。戦力増強教育に集中するため、基礎的軍事教育を主体に兵・学・農一体の錬成の展開だ。これは、もはや国民学校児童を子ども扱いして局外に置かない。積極的に兵士化し、あるいは農業労務者に位置づける方針だ。そうなると教師の役割は、陣頭指揮、率先垂範となる。

それでは、このような国民学校教育は、具体的にはどう構想されたのか。それはつづく「決戦教育施設経営要項」のなかに表示された。決戦という文字がはじめて示される。

この表はかなりの分量だ。けれども、最下欄の「功程」は当時の国民学校の全般的な指導実績を示すところの、ほかにみることのない貴重な記録だ。わずらわしさをいとわずに、全部を掲示してしまう。

承詔必謹の広がり

この要項の最上欄「経営の重点」をみて、端的に特徴を拾うことができる。すなわち「承詔必謹」を経営目的に置いたうえで、兵の錬成、教学錬成ならびに農事訓練の一体的指導を進め、それらと関わりの深い少年団訓練を重視し、また学校外諸団体との連携を深めていこうとしている。それは地域社会の総動員体制の整備強化に結びついた、学校の決戦体制だ。

まず、経営目的の承詔必謹についての新たな捉えなおしが必要だ。そもそも承詔の詔《みことのり》とは、天皇のことばであり、要項中に示された「宣戦の詔書」を例にとれば、その一節「朕茲《ちんここ》に米国及び英国に対して戦を宣す。朕が陸海将兵は全力を奮《ふる》って交戦に従事し、朕が百僚有司は励精職務を奉行し、朕が衆庶は各々その本分を尽《つく》し、億兆一心国家の総力を挙げて征戦の目的を達成するに遺算なからむことを期せよ」という、各部署にある臣民

決戦教育施設経営要項

経営の重点	経営要綱	実践要項	功程
一、承詔必謹	1宣戦の詔書	○職員は謹写、暗誦をなし必謹の念の高揚 ○指導は初四以上暗誦	暗誦不可能者相当あり
	2青少年学徒に賜わりたる勅語	○初五以上暗誦	大部分可能
	3軍人勅諭	○五箇条―初四以上全部暗誦 ○全文―高等科	全員可能 不可能の者もあり
	4戦陣訓	○第七必勝の信念―初五以上全員	全員可能
	5青少年団綱領	○初三以上全員	低学年不可能者あり
二、兵の錬成	1学校の兵営化 ○教練時特設	体操教授要領より学年相当のものを実施す	日浅きため不十分なり
	○団体登退校	分団登校（毎朝） 一斉退校（随時）	旧き歴史を有す 未だ足らざる点多し
	○歩哨勤務	歩哨・衛兵勤務	本年度より実施す 錬成不足なり
	○喇叭《らっぱ》訓練	校内に於ける諸合図、起床・就床合図	正調子にするため苦心中

○兵語の使用	復唱、学年・氏名・用件呼称 簡明な態度	大分使用になれてきたが未だ不十分
○敬礼	挙手―初三以上男子、厳正確実に	不正確なるものは教練時に矯正す
○行軍	行軍々規を厳正に	一学期一回実施
2軍人援護教育		
○慰問文書画発送	軍人へ二五〇〇通（毎月八日）、応徴士へ五百通、義勇軍へ四〇通、液体燃料採取戦士へ百通	もっと喜ばしむるものを送りたい
○遺家族奉仕	起耕・挿秧《そうおう》・除草・慰問	出来るだけ多くしたい
○遺影奉掲	講堂正面に奉掲	奉護清掃を怠らぬよう
○英霊花壇	四月より設置、遺影へ供花	成育よからず
○献金	毎月八日は定日、其の他記念日に 海軍人事部へ六九円、海軍省へ八五円	其の他個人献金もあり
3少年兵教育		
○航空少年隊結成	隊員四十名、滑空機購入（八月廿三日） 滑空訓練実施中	基礎訓練を九月二日より実施（姉崎、毛江田滑空士）
○補備教育	教学、体練、技術訓練に分つ、隔週の木・日曜の早朝と放課後	六月末より実施、形式的にならぬよう注意

三、教学錬成	○宿泊訓練	校内で一回　七月八日九日、浅舞で一回	回数を多く二、三泊程度実施したい
	○拓殖訓練	八月五、六、七日（二泊三日） 父兄啓蒙勧誘 児童拓殖講座	大いに児童、父兄にその思想を植えつくる要あり
	○防空訓練	待避訓練実施、防空壕掘鑿《くっさく》、防空講話、 防空図譜貼示	登退校時の待避、綜合訓練に迄進む予定
	○国民学校令		
	○教育改革非常措置要項		
	○学力の向上	学級査察、考査の実施・復習・予習	殊に理数科の実力向上につとむ要あり
	○重点主義細目	師範附属作成重点主義細目の活用 本校細目	重点を確把し所謂《いわゆる》敵前授業たらしめんと努力す
	○指導者の修練	教学修練、武道講習、授業修練（委員招致） 科学修練（自転車分解、滑空講習、映画講習）	気魄ある指導力を養わんとす

四、農事訓練	増産 ○学校決戦畑	面積三反一〇歩、馬鈴　藷（ママ）・里芋・豇《ささげ》・大豆・蓖麻《ひま》・小豆・大根・牛蒡《ごぼう》・甘藍・南瓜《かぼちゃ》等	校舎裏は昨年開墾せしもの
	○学校決戦田	面積一反一畝《せ》　うち神饌田一畝	早期植付したり
	○部落決戦畑	総面積四反七畝一八歩。八箇所にあり、主に大豆・蓖麻作付	本年度開墾す、浸水のため不作の個所もあり
	○家庭決戦畑	総面積六反一畝、一人平均二・七坪 大豆南瓜を作付す	本年度設定
	○道路側大豆作付	延長三十粁（七里半）千間を一反とすれば面積にして一町六反五畝　播種三斗五升	種子の選択に注意　村民も愛育す　五割収穫見込
	○資材の収集	桑皮八〇貫、蓬《よもぎ》六〇貫、蕗三〇〇貫、堆肥一五〇〇〇貫、乾草、蝗《いなご》、落穂、実子縄	実子縄《みごなわ》昨年度四一〇〇〇把 乾草は各自家用
	○養蚕	晩秋蚕五十瓦《グラム》、八月廿九日より飼育	
	貯蓄（目標一万円）	八月末現在七〇二二円六三。八日、二二日貯金日	目標一万円なるも、一万五千円の達成を期す
五、少年団訓練	○精神訓練	常会開催	学校で月一回、部落では一部分行う、漸次全分団に及ぶ

	○増産	家庭決戦田、道路大豆作付、雑繊維、草刈、養兎	自発性を高めんとす
	○健民健兵	早寝早起、乾布摩擦、駈足、相撲、水泳（ラッパ合図）	五時起床直ちに乾布摩擦、就寝八時
	○生活指導	神社清掃、道路清掃、団体登下校	毎週土曜四時半より
六、連絡施設	○父兄保護者会	年二回、授業並びに施設公開	実子縄一把寄付設備の充実
	○村常会	毎月四日	職員出席
	○部落常会	毎月六、七、八日	団体長、職員出席指導
	○青年常会	毎月二十二日	団体長、職員出席指導
	○婦人常会（母親学校）	毎月八日	役場員、学校職員指導
	○少年団常会	月一回	父兄、職員指導
	○翼賛会	保育指導、共同作業、勤労奉仕	団長、役員、職員指導す

への命令を承《うけたまわ》ることだ。

これは「青少年学徒に賜わりたる勅語」についても、「国家隆昌の気運を永世に維持せんむとする、……その任、実に繋《かか》りて汝等青少年学徒の双肩《そうけん》に在り」との、天皇の期待のことばを承る（暗唱する）ことで、臣民としての忠誠を自覚するものと考えられた。

ところが、軍人勅諭という、成人である軍人の心得のエッセンスまでが、国民学校の児童の承詔へと拡大した。初等科四年生以上の全員が暗唱可能と考えられたその五箇条は、次の文章である。

一《ひとつ》　軍人は忠節を尽すを本分とすべし
一　軍人は礼儀を正しくすべし
一　軍人は武勇を尚《とうと》ぶべし
一　軍人は信義を重んずべし
一　軍人は質素を旨とすべし

戦陣訓の導入　ところで併記されてはいるが、戦陣訓および青少年団綱領は天皇のことばではない。けれども天皇のことばと同様に、いまや忠誠の証《あか》しとして必謹の対象となった。

まず戦陣訓は、一九四一年（昭和一六）一月八日、ときの陸軍大臣東条英機《ひでき》の名で発せられた大臣訓令だ。この背景には、満州事変にはじまる軍隊の急速な増員と戦争の長期化のため、服従を旨とする軍紀が退廃してしまった事実がある。改めて「天皇親率《しんそつ》の軍」という皇軍意識を強調しなければならなかった。「軍の危機感は『戦陣訓』を出さしめもした」という、戦陣道徳を高揚する必要があった（『帝国陸海軍事典』）。

ここにいたって、さきの植田国民学校における「服従心」の導入が、軍律のばあいとおなじく、校内規律の退廃に対応した臨床的対策＝道徳高揚だったことに気づく。

戦陣訓は、五章で構成される。植田校の要項のなかの「第七必勝の信念」は、正しくは「本訓　其の一　第七　必勝の信念」だ。初等科五年生以上が全員暗唱可能だという文章は、次のとおりである。

信は力なり。自ら信じ毅然として戦う者、常に克《よ》く勝者たり。

必勝の信念は千磨必死の訓練に生ず。須《すべから》く寸暇を惜しみ肝胆《かんたん》を砕き、必ず敵に勝つの実力を涵養《かんよう》すべし。

勝敗は皇国の隆替《りゅうたい》に関す。光輝ある軍の歴史に鑑《かんが》み、百戦百勝の伝統に対する己《おのれ》の責務を銘肝し、勝たずば断じて已《や》むべからず。

学徒を死に追いやった呪文

なお戦陣訓については、書き落とせない文句がある。「本訓　其の二第八　名を惜しむ」のなかの「恥を知る者は強し。常に郷党家門の面目を思い、愈々《いよいよ》奮励してその期待に答うべし。生きて虜囚《りょしゅう》の辱《はずかしめ》を受けず、死して罪禍《ざいか》の汚名《おめい》を残すこと勿《なか》れ」がそれだ。

このなかの「生きて虜囚の辱を受けず」の部分が、呪文のように、学徒の頭脳に刻印された。それは当時労務動員中の著者にも、教師の講話のなかで知らされ、べつに印刷物を渡されなかったにもかかわらず、鮮明に記憶されたことばだ。そして客観的には、必勝の信念は死語と化していたのに、このことばは活きて働いた。たとえば、沖縄の学徒を集団自決に追い込んだように。

皇土防衛の戦士の養成

もうひとつの青少年団綱領は、正確には大日本青少年団綱領である。次の簡単な文章だ。

我等は大日本青少年団員なり

一、大御心《おおみこころ》を奉体し、心をあわせて奉公の誠をつくし、天壌無窮《てんじょうむきゅう》の皇運を扶翼《ふよく》し奉らん

一、肇国《ちょうこく》の精神に基き、正大の気をあつめて確固不抜《ふばつ》の志操を養い、力をあわせて

大東亜の興隆に邁進《まいしん》せん

一、心身一体の鍛練を積み、共励切磋《せっき》して進取創造の力量を大にし、挺身《ていしん》各々その職分に務めん

とくに説明は要しまい。そこで振り返ってみたい。承詔必謹については、一九三四年（昭和九）を境にして、それまでの報徳訓至誠主義から勅語遵法主義への取ってかわりがある。それが皇国の道の主要な歩みだった。

すると、いま本土決戦をまえにした植田国民学校の学校経営要綱のなかから、「小学校教員に賜わりたる勅語」に関係する文字が、完全に消えたことに気づく。新たに登場した主役は、大臣訓令「戦陣訓」だ。

ここには、日本本土の戦場化が必至となって迫り、国民老いも幼きも戦陣にのぞむ心得が必要だ、という対処がある。承詔必謹の対象の広がりには、戦陣訓のはじめにいう「攻むれば必ず取り、戦えば必ず勝ち」どころか、皇土防衛の戦士の養成と戦線からの離脱を防止するのための、追い詰められた対策化が見てとれる。

教練の時間の特設

植田国民学校の経営の重点「兵の錬成」に関係して、一九四四年（昭和一九）度から、教練の時間が特設された。法令では、高等科

男子の「体錬科に於いて毎週凡《およ》そ二時を教練に充《あ》つべし」との指示がある。それ以外では、初等科三年以上の時間割に、教練と表示しなくともよい。特設というのは、時間割に教練と明示することだ。

功程の欄に「日浅きため不十分なり」とあるのは、この措置をこの年度より開始したことを示す。ただし、前年度の運動会において、初等科生を含めての閲兵分列がある。たとえ時間割に教練と表示されていなくても、すでにそれは実施されていた。したがって、教練の時間の特設は、兵の錬成の明確な一歩前進だ。

学校の兵営化

新たに校門に「歩哨《ほしょう》・衛兵」が立った。団体登校してきた隊列が、やおら「歩調取れ！　頭《かしら》ぁ右」との号令で動く。

また「兵語の使用」がはじまった。教師や上級生（上官）に対する命令の復唱、そして職員室などへの入室に際して、学年・氏名・用件呼称をする。たとえば「何年何組、何のだれそれ、○○先生に用事があって参りました。はいります」と、大声でいうのだ。

グライダーは、敵性語であるから滑空機だ。教師の「曳《ひ》けい！」の号令で、ゴムのロープを曳引《えいいん》し、「放せ」の合図で機の後部を止めていた綱を放すことにより、滑空していく。学園は、すっかり軍隊調に染まった。

軍事教育や増産労務が主となるなかで、なお教科学習の効果的指導法が模索される。端的にいえば、教室内における教科指導の時間不足対策だ。

必勝教育方法

こうして必勝教育方法は「高度能率化」に昇華する。

この決戦教育施設経営要項の表につづく結びは、この地区の中心校の一つ増田《ますだ》国民学校で行われた講習会の、その成果に学ぼうという参考資料だ。

○指導の重点〔増田校重点主義講習より〕

一、指導を素朴単純化し、主眼をはっきり、一単元に多種多様なものを取り入れぬ。
二、問答法に再検討を加え、発問法を大いに考慮すること。
三、「教えること」と「学習させること」のけじめを明確にすること。
四、板書《ばんしょ》のために時間を浪費せず、必要な板書は事前に準備し置くこと。
五、自習態度の強化〔積極性をはかる〕
六、教室の拡大化〔師弟《してい》行くところ皆教室なり〕
七、基本教材の反覆《はんぷく》練習
八、学習効果の査察〔全校考査・学級考査〕

師弟行くところ皆教室なり、こんな禅問答の答えのような文章を書いているあいだにも、戦局はもう一つ悪化する。一一月には、東京が本格的空襲をうける。必敗の流れのなかで、なお必勝教育を叫ぶことで、国民学校は戦争遂行の大義名分のもと、教え子を兵士化し、死に向けて一歩一歩追いやっていた。

校訓・全校特攻精神

敗戦の年の学校経営要項

植田国民学校では、一九四五年（昭和二〇）三月三一日付で校長が、在職二年の黒沢から四八歳の戸島勝治へとかわった。「昭和二十年度学校経営要項」は、ペン字の書込みによって、新年度の第一回職員会議配布資料と推定できる。

この執筆者は、したがって新校長だ。ワラ半紙九枚のプリントは、いちだんと詳細をきわめている。内容構成は次のようになっている。

一、経営の法的基礎（注—前年度とまったく同文）

二、校訓（目標）

三、職員教育信条　附　教科錬成五訓
四、児童訓
五、本年度児童錬成の重点（注―五節・一五項・五〇目）
六、主なる施設経営要項（注―一四節・三七項）
七、職員に関する事項（注―一二節）
付図　植田村略図
そして、これが植田国民学校における戦争期の経営方針案を示す最後の文書となった。

校訓・児童訓の行き着き先

まず、校訓と児童訓をいっしょに紹介しよう。すでに一九四二年（昭和一七）度の校訓や、前年度の児童訓をみてきた。この満三年のあいだに学校が掲げた理想像は、なんという驚くべき変容なのだろう。

校訓（目標）

高学年	○必勝の信念	低学年	○かちぬく
	○全校特攻精神		○がんばる

児童訓

高学年

一、先生を敬《うやま》い、その命《めい》は必ず遵奉《じゅんぽう》します。
二、徹底的軍隊訓練を実践します。
三、一意専心勉強に励み、実力を養います。
四、全力をつくして働き、増産、貯蓄につとめます。
五、沈着、敢闘、敵機に絶対負けません。

低学年

一、いつでも先生をうやまいます。
二、兵隊さんのように強くなります。
三、勉強はみんなおぼえます。
四、一心に働き、うんと貯金します。
五、敵のひこうきに負けません。

三年まえの校訓には、「誠実（心の光をますように）」と「実践（やりとおせ）」とを両軸にして、規律・清潔・礼儀という、個々人の日常生活の徳目があった。

前年度の児童訓には、至誠・遵奉・節義・敢行・必勝とならんで、日本を強調する国家目的の併記があった。

しかしいまや、ついに勉強の条一つを除いて、ほかはすべて国家目的だけの列挙、命を肉親との関係を示す「孝行」が消えたうえで、教師の命令を遵奉するとは、なんなのだろうか。軍人勅諭の一節に「下級のものは、上官の命を承《うけたまわ》ること、実は直《ただち》に朕が命を承る義なりと心得よ」とある。この論理の支配する学校、まさに兵営と化した学校を象徴する表現だ。

敵機に負けません

弾丸と化す特攻へと、行き着くところにまできてしまった。

校訓が各教室に掲額《けいがく》されたのに対し、児童訓は朝会のおりにシュプレヒコールとして誓い合うことばだ。秋田の田舎で、「敵機に絶対負けません」と斉唱する現実的な意味があるのか。

これを児童の立場で理解するとすれば、この学校に児童数の急増（前年度から七六名増）をもたらした学童縁故《えんこそかい》疎開の反映だ。それは一九四四年（昭和一九）一一月の東京空襲以降、にわかに進んだ。この児童訓は、翌年三月の東京大空襲の衝撃も生々しいときに生まれた。とくに疎開学童たちは、首都圏の方向に向かい、別居中の親の安全を祈念して「敵機に絶対負けません」と、切ない気持ちをこめて斉唱せざるをえない。

東京空襲の直前、一九四四年（昭和一九）一〇月に、はじめて神風《かみかぜ》特攻隊が出撃した。そのあと戦局の劇的転換を、天佑《てんゆう》神助に期待する国民的願望と決意をこめて、一つのことばが使用される。それが、校訓にまでも採用された「特攻精神」だ。

教師は大義に生きる

児童たちに「かちぬく　がんばる」ことを求めた教師たちだ。では、自らの教職倫理をどう表現しなければならなかったか。それが、次の職員教育信条だ。

職員教育信条

（一）大義に生き、私情を捨てよ。　（二）一致協力、全能力を発揮せよ。

（三）全職員全責任を持て。　（四）活動的・勤労的迫力をもて。

（五）万事の励行と徹底を期せ。

附　教科錬成五訓

おわりの「附」の欄には、一から五への頭番号だけが記入されている。この下にあるべきものは、後続の文章を読みすすめて判断すると、五章「本年度児童錬成の重点」を構成する五つの節の、それぞれの見出しを取りあげるのが適切だ。すると教科錬成五訓は、次のようになる。

一、皇国勤労観の確立と増産貯蓄の強化

二、日本師道に基づく教師、遵奉心の涵養《かんよう》

三、軍隊訓練の徹底的実践と軍人精神の錬成
四、重点的授業法による実力の育成
五、敵機必襲に対処する防空態勢の実際化

こういう教育信条や教科錬成五訓から、この時期に求められる理想的教師像の輪郭が描けそうだ。けれども、なにが大義なのか。皇国勤労観という大仰《おおぎよう》なものはなにか。さらに日本師道とはなんぞや、と問い詰めていくと、じつは意味がよく分からない。

とりあえず総合していえるのは、いずれも天皇制超国家主義と関わる独特の用語だ。なにがなんだかよく分からないまま、思想統制《マインドコントロール》が図られる一つのあらわれである。

よく分かるのは、敵機必襲という四文字だ。時局の逼迫《ひつぱく》さを雄弁に物語る。国民学校教師にとって、敵襲に際しての指導能力は、いまや不可欠のものとなった。

指示された体当り総突撃

年度はじめの校長常会

この当時、植田国民学校の属する秋田県平鹿《ひらか》郡では、毎年度はじめ、県の出先機関の地方事務所が主催して、管内校長（国民学校・青年学校の兼務校長）を集めて会合を開いている。これを校長常会と称した。植田国民学校の職員会議よりあとのある日、一九四五年（昭和二〇）度の平鹿郡校長常会が開催された。校長常会においては、指示事項などによって、行政命令は典型的に上意下達された。学校経営は、このような学校外の力によって、これまでつよく統制されてきた。それにしても、この日の「指示事項　四月校長常会」・「昭和二十年度平鹿郡教育運営上の方針」および「昭和二十年度　秋田県青少年団指導方針並びに事業計画大要」という三つの配布資料は、学校を統制する意思の戦争期における圧巻だ。

その内容からすると、新年度はじめに各学校が作成した経営方針は、かなりの修正を要する。しかし植田国民学校での修正書は発見されていない。書かれなかったのかもしれない。

県の国民学校への指示

この指示事項等は、各校にもち帰られて、修正経営案が書かれたかどうかに関係なく、このあと敗戦の日までの三か月半のあいだ、ひろく県下の国民学校経営を統制し、さまざまの影響を与えたに違いない。

まず第一の「指示事項　四月校長常会」は、一三項目におよぶ。分括して抄記し、おもな事項には説明をつけよう。

一、秋田県増産学徒隊実践計画に関する件（別紙）

この地方は農業地域だ。労働力の供給先が食糧増産に向けられて当然だ。カッコのなかに書かれた別紙は見当たらない。その代わりではなかろうが、別のプリントがある。

食糧増産隊綱領

我等は皇国の少年農兵なり／天祖の神勅を奉じ／国の本たる農道に追進し／身命を捧げて土地改良食糧増産を達成し／永く農業を以《も》って家を継ぎ国に報い／期して／聖慮

を安じ奉らん

指示事項の次は、「二、決戦教育措置要綱に関する件　○高等科以上は原則として一年間授業停止。動員下令あるまでは授業継続　○本県は食料増産に挺身《ていしん》」とある。

決戦教育措置要綱

一九四四年（昭和一九）三月の閣議は「決戦非常措置に基く学徒動員実施要綱」を決めた。いわゆる通年動員制となった。そして動員を実施するばあい「国民学校高等科児童の動員については、土地の情況、心身の発達を考慮し、適当なる作業種目を選び、これを実施す」とした。

秋田県の国民学校高等科の出動作業区分は、「食糧増産、増林、運搬および工場事業場等の作業」となり、出動地域は「特に必要なる場合のほかは、学校所在市町村内とす。学校所在市町村外に動員する場合においても、隣接市町村にして、徒歩通勤の可能なる地域に限る」とされた。前者は学校長、後者は地方事務所長が割り当てを行った。

なお「国民学校初等科（ただし第四学年以上を原則とす）児童の動員は、学校所在市町村に限るものとし、学校長において協力依頼者と直接連絡の上、児童心身の発達程度を考慮し、適宜これを行うものとす」とされた（秋田県学徒動員実施要綱）。

県視学の学校訪問が、決戦教育査察と称された。青年学校では、生産勤労活動が査察対象の中心だ。そして国民学校初等科では、各教科の授業査察のうえ、テストが実施された。これに触れたのが、次である。

三、決戦教育査察に関する件
1　各郡市青、国各一校
2　国校査察事項　○決戦教育施策の実施状況（基本教材錬成状況―考査をも実施す。授業二時間〔初等科〕―第一時、一般授業、各教科目に亘《わた》るも特に軍事訓練、通信訓練を加味す。第二時、算数、理科、工作のみの授業、教具の製作状況をも併せ査察す。）
○増産学徒隊の活動状況　○少年団の活動状況
3　青校査察事項（略）
これに関係する資料として、前年度実施した国語と算数の全郡考査の総評が配布された。戦局逼迫《ひっぱく》のなかで、なおも基礎教科の成績向上を目指して、学校の努力を要求するには理由がある。この教科とくに算数の成績の向上は、少年兵募集と密接な関係をもっていた。

女教員に指揮法の錬成

教師の指導力の低下がある。したがってその向上の必要は、全国的なものだ。だが、対策として取りあげられるのが、理数科や科学技術とともに農耕や、女教師の指揮法だ。念のためにいえば、音楽の指揮法ではない。軍事訓練の一環だ。

四、教員錬成に関する件

1　理数科錬成会―教育会支部において計画

2　農耕技術錬成会―県内三ケ所（大曲・金足《かなあし》・鷹巣《たかのす》）校長教頭一ケ所二〇名

期間七日―十日宿泊。農耕の実地訓練

3　女教員錬成会―各郡市分会主催、中堅女教員、農耕、科学技術訓練、指揮法等、

二泊三日程度、補助金交附の見込

助教錬成会―各班において計画のこと（注―この行は鉛筆による書き込み）

現場の校長たちが、おそらくもっとも必要を感じていたのは、助教対策のはずだ。だから書き込みという追加になったと思われる。しかしそれは、各班つまり各学校に委《ゆだ》ねられ、不十分なものとなった。このことは、このあとに紹介する郡の地方事務所からの指示事項のなかでも明記される。

聞き慣れないことばだ。政府は、一九四四年（昭和一九）八月の文部次官通牒《つうちょう》で、都道府県思想指導委員会の設置を命じた。その目的は、「苛烈化《かれつか》すべき戦局に即応し、いよいよ国民思想を確固不抜ならしめ、国民をして征戦完遂に邁往《まいおう》せしむる」ことにあった。これに応じて秋田県でも、翌四五年（昭和二〇）一月、県思想指導委員会規程が定められ、委員会が発足した。それに伴う校長常会における指示事項が五項めだ。

思想国防

五、思想指導委員会に関する件

1　思想国防懇談会（農閑期に各郡一、二町村）

2　母親学級（一層強化、通年的に、全学校に設く）

県の規程は、五つの事業を列挙している。そのうちの「四　家庭教育、勤労者教育、同和教育、読書指導、その他思想指導に関する講演会、講習会、懇談会、研究会等の開催並びに諸調査の実施」の一環に含まれるのが、この思想国防懇談会だ。組織的には、県委員会の支部（地方事務所学務課内）における活動として位置づけられた。

国土防衛の要員化

つづく六〜一一および一三項の内容説明は省略し、ここには本文のみを掲げておく。

六、学徒動員に関する件（別紙〔注―残っていない〕）
七、学徒動員指導に関する件
　1　研究主題「学徒・学童、勤労動員」。郡市一校、動員現場を研究会場とし授業は行わず。
八、防空訓練に関する件　○資材の整備、登下校訓練、待避訓練、ラジオと連絡
九、国土防衛訓練に関する件　○陣地構築、野戦等
一〇、陸軍召募に関する件　本年は量よりも質の優良なる者を希望（以下略）
一一、学童集団疎開に関する件（五千名、六十ケ町村、応援すること）
一三、青少年団本年度事業計画に関する件（別示〔注―後掲する〕）

白兵戦の指導へ

一二項めは、学徒体練特別措置要綱についてだ。要綱の内容は明らかではない。また対象とするのは、国民学校児童のみではない。それにしても、ついにここまできたのかと思わざるをえない。

一二、学徒体錬特別措置要綱に関する件
　1　白兵戦《はくへい》（イ、手榴弾投《しゆりゆうだんなげ》　ロ、銃剣術　ハ、柔剣道）
　木銃《もくじゆう》、竹槍、棒、石

2　歩走（重い物を背負って一、二粁走る）

ここには、木製の銃・竹槍・棒・石を用いて、白兵戦（刀・剣・槍などを用いての肉薄戦）に参加できるようにと、その指導にあたることが指示されている。

また重い物を背負って、一、二キロメートルぐらい走れるように、との歩走訓練が指示されている。こちらのほうは、弾薬箱の運搬程度に役だつ要員の養成が意識されている。

要するに、これは国民学校児童を、はっきりと戦闘力の保持者として育てようとした指示だ。国民学校は本土決戦をまえにして、戦闘力の保持源の一つに化した。教え子のすべてを、戦場にのぞませる準備を命じられたのである。

教育戦闘単位としての学校

第二の配布資料は、半紙一枚分の内容をもつ「昭和二十年度平鹿教育運営上の方針　平鹿地方事務所学務課長」だ。三つの項目中の、まずその第一と第二項目を、次に掲げる。

一、昭和十九年度の教育の反省

二、昭和二十年度の教育運営の方針

県の指示に基き、これが実践強化に務むることは勿論《もちろん》なるも、本郡としては特に左の二点に着眼して行きたい。

1　教育戦闘単位としての組織の整備
2　総力戦としての総合的教育力の発揚

郡単位に置かれた県の出先機関であってみれば、「県の指示に基き」との表現は当然だ。国にとって、地方事務所は県を媒介とする国策遂行の実施機関だ。そこからの指示が「本郡としては特に」と、郡の主体性を主張する。その内容の一つは、学校を教育戦闘単位としての組織の整備云々である。

本来ならば、ここは戦闘という文字の代りに実践ということばが入るところだろう。しかしそれでは、教育実践すなわち戦闘と化そうとしている切迫している事態、敵軍の本土上陸へ対処できない、と考えられている。県の指示事項のなかに「陣地構築、野戦」とか、あるいは「白兵戦」とあった、日本本土における戦闘の展開は必至、という情勢認識を踏まえて使用されている。もし戦争の終結が遅れれば、それは確実に現実化するところだった。単なる戦意高揚を狙ったことばの綾《あや》ではない。

高等科担任職員の負担過重　第三項目は、うえに指示された「総力戦としての総合的教育力の発揚」を具体化するものにあたる。次のように、強い調子で詳細に指示された。二分割して掲載する。

三、学校運営の具体的着眼点

1　通年、毎学期、毎週、二十四時間主義の教育計画を樹《た》て、随《したが》って凡《あら》ゆる機構（町村、農業会、町内会、部落会、婦人会、翼賛会、青少年団、家庭等）との連絡を密にし、総合的識見を発揮せられ度《た》し。

2　兵・労・学一体観の下に、而《しか》もその日々の教育功程が明かなるようにせられ度し。（学校日誌・学級経営録等にそれを表わすこと）

3　職員修練施設、特設の機会があるも、各校において日常の生活の中に自然に出来るように工夫せられ度し。特に助教指導が出来るような機構をつくること。
　校務の適正配置を考慮し、高等科担任職員の負担過重に陥らざるようにせられ度し。

高等科の担任は、通年動員では、校外での指導や監督巡回が増加した。また高等科の体錬科体操教練教材は、女教師とくに年配者の担当には無理がみられた。それを配慮して、指導体制を整備したいが、どこでも適任者は不足だった。

ちなみに植田国民学校の、一九四五年（昭和二〇）度高等科二年と一年各女子組の担任をみてみる。二年女子組は、二二歳の女性初等科訓導だ。彼女は高等女学校を卒業している。のち同校での助教一年を経験し、検定試験に合格した。しかし高等科担任の正資格取得者ではない。若さが買われての登用だ。

後者には、三三歳の男子本科訓導があてられた。これまでも高等科女子組担任に、男性が就いた例はある。しかしこれは、過重な負担への対策とみられる。

戦力としての言語教育

学校運営の具体的着眼点は、次いで動員に伴って生じた教室における教科指導の時間不足を克服しての、学力向上対策に向けられる。

4　増産教育の細案をつくり学徒としての教育、修練を軽んぜぬようにせられ度し。

5　学力の向上に一段の努力を払われ度し。

イ　毎学期一回は全郡考査を行う予定なり。特に初四までの国民学校の基本教育は、緻密《ちみつ》なる錬成案を立て、校内検査の実施・授業研究・自習指導・基本教材の錬成等、特段の努力を希望す。

ロ　初五、六の学習は、増産と併せ機動的に効率化せられ度し。（特に基本教材の修練に力《つと》むること）

ハ　高等科の学習は、最も工夫を要するところなり。一教科目、一教材に捉われ

ることなく、新しき教育過程《ママ》の創案をのぞむ（但し動員状況を勘案《かんあん》して、教科指導を軽んぜざること）

6　体錬
イ　持久力の錬成　ロ　機敏性の陶冶《とうや》　ハ　軍事的基礎訓練に重点を置くこと。
ニ　栄養、養護方面に工夫考慮せられ度し

7　言語教育
戦力としての言語教育。特別施設固《もと》より可なるも、日常の凡《あら》ゆる機会において言語生活訓練を怠らざること。

8　理数科教育振興策
県指示事項の具体化。指定校中心としての研究会。分会並びに班単位としての研究機構の確立（研究部において細案を立てる予定）

9　貯蓄戦への敢闘
青少年団の指示に依り。

兵・労・学一体観において、軍事力向上と結びついた体錬科の具体的着眼点、あるいはすでに学校における兵語の使用や復唱等を実施している。それをここでは明瞭に、戦力として捉え、言語教育のいっそうの強化などが指示された。

県の少年団指導方針

さて、次は少年団だ。これは、すでに述べたように、学校長が団長だ。一九四五年（昭和二〇）四月の校長常会における第三の配布資料は、「昭和二十年度秋田県青少年団指導方針並びに事業計画大要」と「昭和二十年度平鹿郡青少年団指導方針」とが、つづけて書かれた半紙二枚のプリントになっている。県が、団長たる校長に指示したことにより、本来の住民の自治的社会教育団体とはまったく違った、官府的事業を完全に下請けする翼賛団体と化した少年団がみえる。まず第一の文書のほうから、紹介していこう。

昭和二十年度　秋田県青少年団指導方針並びに事業計画大要

一、方針

1　指導標語を「体当り総突撃の年」と定め、生産増強、皇土防衛、戦時生活確立の三項を重点的に実施せんとす。

2　県団、郡団の指令をよく自分の地域の事情に活かし、男女青年団、少年団総合一体的に総力を結集するごとく敢闘をのぞむ。

3　錬成のための錬成講習会などを極力排し、戦力増強に挺身する作業の間、自《おのず》から団員の錬成が出来るよう指導をのぞむ。

4　左記事項は全県一斉実践励行を嘱《たの》む。

イ　団員指導者共に胸章を必ず佩用《はいよう》のこと
ロ　指導者への敬礼励行のこと
　＞県内全団員の生活面全般の機会指導を徹底させるを目的とす。

ハ　防空服装の確守
ニ　時間厳守
　＞他を啓蒙するためにも率先垂範

ホ　命令の適確
ヘ　諸報告の迅速《じんそく》
　＞命令は時期を失せずに、然も明確に、報告は正確、迅速、上下一体活動□□（不明）

指導標語・体当り総突撃の年

方針の最初に、指導標語すなわちスローガンが掲げられた。それが「体当り総突撃の年」とは、少年に向けてのことばとしては、容易ならざるものだ。

そしてここまで掲示してきた文書のなかには、天皇とも勅語とも、一言も触れていない。あえていちばん関連する表現を指摘すれば、皇土だ。こういう扱いは、なにを意味するのだろうか。

それは天皇の命令の伝達ではなくて、臣民の側から、一方的に忠誠心の発露を示すスタイルに、取ってかわったのだ。いわゆる宸襟《しんきん》（天皇の心）を安んじ奉る、という論法へと変化している。

もちろん体当り総突撃の意味は、死に物狂いで頑張ろう、というのが第一義だろう。しかし国土が戦場となるやいなや、たちまちこれは第二義の、特攻的決死の突撃による玉砕の覚悟をもって事にあたろう、に移行する。戦局は、またそのように逼迫《ひっぱく》していた。

このスローガンは、青少年の未来に生を与えるものではない。かれらを死へと追いやるものだ。まさに皇国の道を歩んできた国民学校は、ついにイコール少年団に解消し、民族破滅の自己宣言をするにいたった。

敗戦まえ少年団の事業計画

それでは、どんな事業計画をもったのか。次にそれを掲げよう。いまや皇土防衛が、目睫《もくしょう》の間《かん》に迫った切実な課題であった。それらはどう触れられているだろうか。

二、事業計画

1　生産増強（食糧増産及び軍需資材増産に大別す）

イ　大要は秋田県増産学徒隊実践計画に依る

ロ　その他（略）

2　皇土防衛（日体、学振、航空支部と協定実施す）

イ　海洋挺身錬成会、県内三ケ所、七、八月中

ロ　野外戦技国防訓練、仙北駒岳・田沢湖中心、五月より七月までに

ハ　補助看護婦養成、各単位団実施、四、五月中に

ニ　少年兵、青少年義勇軍応募　促進、激励、慰問

3　戦時生活確立（貯蓄増強、援護施設、その他に大別す）

イ　貯蓄増強（本年県団では八百二十万円達成目標、男女青年団員年六〇円以上

少年団員年二四円以上〔以下略〕）

ロ　軍人援護施設

○少年団軍人援護優良団体現地錬成会、郡一ケ団、農閑期

○疎開学童激励援護会、関係地、五月上旬

○少年団の配給協力推進研究会、郡一ケ所、五月上旬

ハ　その他（略）

体当りは決戦訓から

上記の皇土防衛に関連して、この校長常会には参考資料として「決戦訓」が配布された。これは、一九四五年（昭和二〇）四月八日の陸軍大臣訓令だ。いわばできたてのものが、プリントで示されたのだ。団長たる校長の講話の材料に役立てよ、との意味をもったのだろう。

この決戦訓は、果たして広報によって国民周知のものとなったのか。それは疑問だ。だが、その訓令は発せられてまもなく、秋田の、恐らく日本中すべての国民学校長の手元には、このようにして上からす早く届けられている。なぜか。

兵営と化した学校に、働きを及ぼそうとしたからだ。では、どんな内容だったのか。本文の部分は、次のとおりだ。

一、皇軍将兵は神勅を奉戴《ほうたい》し、愈々《いよいよ》聖諭の遵守に邁進《まいしん》すべし。聖諭の遵守は皇国軍人の生命なり。神州不滅の信念に徹し、日夜、聖諭を奉誦《ほうしょう》してこれが服行に精魂を尽くすべし。必勝の根基ここに存す。

二、皇軍将兵は皇土を死守すべし。皇土は天皇在《おわ》しまし神霊鎮《しず》まり給うの地なり。誓って外夷の侵襲を撃攘し、斃《たお》るるも尚魂魄《なおこんぱく》を留めて、これを守護すべし。

三、皇軍将兵は待つ有るを恃《たの》むべし。備《そなえ》有る者は必ず勝つ。必死の訓練を積み不抜《ふばつ》の城塁を築き、闘魂勃々《ぼつぼつ》、以《もっ》て滅敵必勝の備を完《まっと》うすべし。
四、皇軍将兵は体当り精神に徹すべし。悠久の大義に生くるは皇国武人の伝統なり。挙軍体当り精神に徹し、必死敢闘皇土を侵犯する者悉《ことごと》くこれを殺戮《さつりく》、一人の生還無からしむべし。
五、皇軍将兵は一億戦友の先駆たるべし。一億同胞は総《すべ》て是皇国護持の戦友なり。至厳なる軍紀の下、戦友の情誼に生き、皇軍の真姿を顕現して、率先護国の大任を完うすべし。
右の五訓、皇軍将兵は須《すべから》くこれを恪守《かくしゅ》し、速《すみや》かに仇《きゅうてき》敵撃滅して、宸襟《しんきん》を安んじ奉るべし。

これで明らかになった。「体当り総突撃の年」は、第四訓からきていた。そして宸襟を安んじ奉るの指示の調子は、決戦訓すなわち軍のさっそくの下請けだった。

秘　国土決戦教令

国民が知らなかった文書に、もう一つがある。「決戦訓」では、軍の側から「一億同胞は総《すべ》て是《これ》皇国護持の戦友なり」という。ほんとうに軍民の一体化が把握されていたのか。

国民に知らされなかった文書というのは、「秘　昭和二十年四月二十日、大本営陸軍部、国土決戦教令」という小冊子だ。このなかに、次の表現が含まれている。

第六　平常的生活環境と、これに伴う消極的諸条件及び国土国民に対する感情の諸作用とは、動《やや》もすれば決戦気魄を消磨し、断平たる統帥《とうすい》の実行を躊躇《ちゅうちょ》せしめるの虞《おそれ》あり、故に指揮官は自らに鞭《むち》ちて勇断宜《よろ》しきを制し、克《よ》く軍隊をして百事戦闘を基準とする野戦軍の本領を発揮せしむるを要す。

これは、状況に応じて、ためらいなく国民を見捨てるべし、という指揮官の心得だ。同じ月の八日の決戦訓では、軍民一体の戦友と煽《あお》っていながら、二〇日の指揮官あての教令では、このようなのだ。

沖縄や旧満州における、軍の民間人放棄や惨殺《ざんさつ》は、単なる偶然とはいえない。マル秘とされた国土決戦教令のなかにみえる考え方＝軍の独善的論理、作戦の名での国民切り捨ての許容が根底にあった。

究極・特攻精神に燃ゆる逞しき人間

のこる第二の文書の紹介に移ろう。それは「昭和二十年度　平鹿郡青少年団　指導方針」だ。指導標語を「体当り総突撃の年」とするのは、同じだ。だから第二項めから掲げる。

二、指導方針　国体の本義を体認せしめ、青少年の燃える純情と烈々たる忠誠心に依り、皇国護持の信念を振起し、鞏固《きょうこ》なる団組織と活潑なる団運営を通して、生産増強、皇土防衛に挺身せしめ、道義に徹せる戦時生活を確立して、特攻精神に燃ゆる逞《たくま》しき人間育成に努む。

三、指導目標

1　男子青年団、少年団の総合一体的組織運営　2　先人の遺徳景仰と現民間力の吸収　3　各層幹部の指導錬成　4　地域の特殊性即応　5　戦力結集の具体化　6　都市部青少年団の強力化　7　重要項目の即応的計画実施

四、一斉実践事項

1　胸章佩用《はいよう》の徹底　2　指導者への敬礼　3　防空服装確守　4　時間厳守　5　命令の適確　6　報告の迅速《じんそく》

五、実践努力目標

青年団	女子青年団	少年団
○健兵育成	◎軍人援護	○貯蓄増強
◎供米協力	◎非常訓練（急救《ママ》看護）	◎配給協力
◎皆働皆勤	○生活創造	◎蒐集強化

○防空防災　○増産挺身　○訓練徹底
○生活刷新

ほとんどの国民学校長が青年学校長を兼ねている。歴史の古い自律的地域青年団すらが国策の下請機関となり、少年団との一体的な組織運営の歩みを進めている。国民学校の青年団統制の拡張だ。

明らかにその目的は、時局の逼迫《ひっぱく》、勝算のない本土決戦体制における指揮・命令系統の整備にある。指導方針の結びにある特攻精神に燃える逞《たくま》しい人間とは、皇国の道に則る教育が、究極においてたどり着いた悲しき理想像を表現することばだ。

教育は、本来明日に生きる人間を育てるものだ。とすると、この理想像の設定は、まさに国民学校の教育的な玉砕だ。なぜなら、国民学校は教育行政の指示のまま、居住地イコール戦場における、臨戦準備を主な教育任務として実践し、教え子たちを明白に予知することのできた死路に向わせていたのだから。

平和の訪れ――真実なおくもりがち

一九四五年（昭和二〇）一〇月一七日、加藤周四郎は福島県石川地区警察署長室に招じ入れられた。そして署長から一通の書類を手渡された。それにはこう書いてあった。

本籍　秋田市川尻町字総社前七十三番地
住居　福島県石川郡石川町字当町七十六番地
加　藤　周　四　郎
明治四十三年五月二十五日生

昭和十九年七月十日宮城控訴院言渡
治安維持法違反第一条第一項の罪

右は昭和二十年勅令第五百七十九号大赦令《たいしゃれい》に依り赦免せらる

右通達す

昭和二十年十月十七日

宮城控訴院検事長　一木輶《ゆう》太郎　印

そして署長は「これは免訴で、事件そのものがなかったということです」と説明した。大赦とは、恩赦の一種で、その罪について、すでに刑の言渡しをうけた者では、その言渡しは将来に向かって効力を失い、まだ有罪の言渡しをうけていない者では、公訴権が消滅することを内容とした復権への一つの法的手段だ。

だが、事件がなかったと見なすことと、無罪と認定することとは、真実に照らすとき根本的に違いがある。だから著者は、加藤に対する天皇の裁判はこれでおわったとはいえない、と思っている。冤罪《えんざい》を仕立てた当事者が、「赦《ゆる》す」とはなにごとだ。どこかおかしい。愛知（哲）学徒の治田《はるた》成夫《しげお》が、鎮魂とはなにかを問うて「償《つぐな》いの基本は、原状の回復と罪の謝罪でしょう」といっているが、このことばをまつまでもなくあるべきは、誠意をもって国家が詫びることだ。われわれの国家は、これを欠いた。そのために真実はくもった（治田『五十年目の特別攻撃隊』）。

同様のことは、国民学校が皇国の道を歩んだ歴史の学習についてもいえる。まだまだ隠れた真実、けじめをつけねばならぬことがたくさんある。この本は、そのほんの一部を垣間《かいま》みたに過ぎない。それでも読者のお役にたったら幸いだ。

またこの本に関わって、いっそうの深い学習を望むむきには、拙著『昭和戦争期の国民学校』（吉川弘文館）や『真実の先生　北方教育の魂　加藤周四郎物語』（教育史料出版会）を、お読みくださればと願う。

参考文献

1　戸田金一『昭和戦争期の国民学校』（吉川弘文館、一九九三年）。
2　戸田金一『真実の先生　北方教育の魂　加藤周四郎物語』（教育史料出版会、一九九四年）。
3　加藤周四郎『わが北方教育の道　ある生活綴方教師の昭和史』（無明舎出版、一九七九年）。
4　植田小学校百周年記念事業協賛会記念誌編集委員会編・発行『創立百周年記念誌　忍の澤』（一九七四年）。
5　秋田県教育委員会編『秋田県教育史』（秋田県教育史頒布会、第二巻　一九八二年、第三巻　一九八三年、第六巻・第七巻　一九八六年）。
6　堀川豊水編『秋田県教育会要覧　最近五年史』（秋田県教育会、一九三七年）。
7　文部省教育調査部審議課編『教育審議会紀要』（『文部時報』第六七〇号附録、一九三九年）。
8　文部省『昭和十五年八月改訂　国民学校教則案説明要領（改訂草案）』（帝国地方行政学会『文部時報』第六九九号、一九四〇年）。
9　文部省編・発行『国体の本義』（一九三七年）。
10　武部欣一編『全国小学校教員精神作興大会御親閲記念誌』（全国聯合小学校教員会、一九三四年）。
11　東京講演会出版部編・発行『全国小学校教員精神作興大会記念講演集』（一九三四年）。
12　近代日本教育制度史料編纂会編『近代日本教育制度史料』（講談社、第一巻・第二巻・第七巻　一九五六年、第六巻　一九六一年)。
13　秋田県教育会編・発行『国民学校法令便覧』(発行年未記載)。
14　小沢滋編『青少年団年鑑　昭和十七年版』(日本青年館、一九四二年)。
15　国立教育研究所編『日本近代教育百年史』(教育研究振興会、第一巻・第四巻・第五巻　一九七四年)。
16　寺崎昌男編著『総力戦体制と教育』(東京大学出版会、一九八七年)。
17　逸見勝亮「戦時体制下における師範学校政策の展開に関する一考察」(『北海道大学教育学部紀要第一九号』所収)。
18　寺田弥吉『郷土教育の新開拓』(郁文書院、一九三〇年)。
19　長浜功『国民学校の研究』(明石書店、一九八五年)。
20　『戦陣訓』(兵書出版社、一九四一年)。
21　大浜徹・小沢郁郎編『帝国陸海軍事典』(同成社、一九八四年)。
22　治田成夫『五十年目の特別攻撃隊』(近代文芸社、一九九六年)。
〔備考〕　植田国民学校関係の学校表簿・文書は、上掲1にリスト掲載。

著者紹介

一九三〇年、栃木県に生まれる
一九五三年、東京文理科大学教育学科卒業
現在八戸工業大学教授、秋田大学名誉教授

主要著書
秋田県教育史-北方教育編　秋田県学制史研究　昭和戦争期の国民学校　この子らに学ぶ　真実の先生-北方教育の魂-加藤周四郎物語

歴史文化ライブラリー
10

国民学校
皇国の道

一九九七年二月一日　第一刷発行
一九九八年六月二〇日　第二刷発行

著　者　戸《と》田《だ》金《きん》一《いち》
発行者　吉川圭三
発行所　株式会社 吉川弘文館
東京都文京区本郷七丁目二番八号
郵便番号一一三―〇〇三三
電話〇三―三八一三―九一五一〈代表〉
振替口座〇〇一〇〇―五―二四四
印刷＝平文社　製本＝ナショナル製本
装幀＝山崎　登（日本デザインセンター）

歴史文化ライブラリー

1996.10

刊行のことば

現今の日本および国際社会は、さまざまな面で大変動の時代を迎えておりますが、近づきつつある二十一世紀は人類史の到達点として、物質的な繁栄のみならず文化や自然・社会環境を謳歌できる平和な社会でなければなりません。しかしながら高度成長・技術革新にともなう急激な変貌は「自己本位な刹那主義」の風潮を生みだし、先人が築いてきた歴史や文化に学ぶ余裕もなく、いまだ明るい人類の将来が展望できていないようにも見えます。このような状況を踏まえ、よりよい二十一世紀社会を築くために、人類誕生から現在に至る「人類の遺産・教訓」としてのあらゆる分野の歴史と文化を「歴史文化ライブラリー」として刊行することといたしました。

小社は、安政四年(一八五七)の創業以来、一貫して歴史学を中心とした専門出版社として書籍を刊行しつづけてまいりました。その経験を生かし、学問成果にもとづいた本叢書を刊行し社会的要請に応えて行きたいと考えております。

現代は、マスメディアが発達した高度情報化社会といわれますが、私どもはあくまでも活字を主体とした出版こそ、ものの本質を考える基礎と信じ、本叢書をとおして社会に訴えてまいりたいと思います。これから生まれでる一冊一冊が、それぞれの読者を知的冒険の旅へと誘い、希望に満ちた人類の未来を構築する糧となれば幸いです。

吉川弘文館

〈オンデマンド版〉
国民学校
皇国の道

歴史文化ライブラリー
10

2017年（平成29）10月1日　発行

著　者　戸《と》田《だ》金《きん》一《いち》
発行者　吉川道郎
発行所　株式会社　吉川弘文館
〒113-0033　東京都文京区本郷7丁目2番8号
TEL　03-3813-9151〈代表〉
URL　http://www.yoshikawa-k.co.jp/

印刷・製本　大日本印刷株式会社
装　幀　清水良洋・宮崎萌美

戸田金一（1930～）

ISBN978-4-642-75410-1